Gli Ebrei in Italia

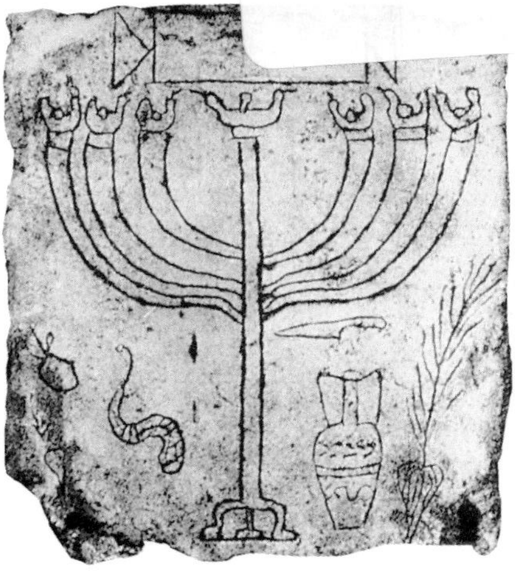

Bruno Segre

FENICE 2000

PICCOLA BIBLIOTECA DI BASE
La storia

Gli Ebrei in Italia

Stampa Rotolito Lombarda S.p.A., Pioltello (Milano)

Sommario

"Atarà", o corona, veneziana della seconda metà del XVIII secolo: è un ornamento del rotolo della Legge (Toràh). A destra, una pagina dell'"Arba'ah Thurim" (I quattro ordini), norme di vita di Jacob ben Asher, codice scritto a Mantova nel 1436; la miniatura figurata è una scena di matrimonio ebraico.

Presenti da oltre duemila anni

In Italia gli ebrei sono presenti senza interruzioni da oltre duemila anni. La loro storia è quella del più antico centro di vita ebraica del mondo occidentale. Nella loro specificità, le vicende dei piccoli nuclei ebraici si intersecano con una variegata gamma di situazioni particolari, molte delle quali sono le stesse che ritroviamo nella frantumatissima storia dell'Italia preunitaria.

Su un altro versante, la storia degli ebrei in Italia sfugge per vari aspetti a una dimensione puramente localistica: molti dei suoi snodi più significativi rimandano a una geografia di straordinaria ampiezza, che vede collegate Livorno a Madrid, la Padania alla valle del Reno, Venezia ad Amsterdam e all'Oriente ottomano, e via dicendo.

Non priva di risvolti dolorosi, carica talvolta di tragedia ma complessivamente ricca di fascino, la vicenda degli ebrei italiani viene presentata nelle pagine che seguono in forma oltremodo sintetica e in un linguaggio intenzionalmente divulgativo. Nato senza pretese di originalità storiografica, il presente volumetto non ha altre ambizioni se non quelle di offrire informazioni criticamente vagliate e di stimolare, presso un pubblico di non specialisti, qualche riflessione nuova e insolita circa il destino singolare di un gruppo umano la cui immagine, nella memoria dei più, continua a essere affidata – oltre che al naturale disagio di fronte al diverso – a una farragine di luoghi comuni e di banalità: residui perversi, in larga misura, di un antico "insegnamento del disprezzo", i cui esiti più rovinosi si sono prodotti proprio nel secolo che va ora chiudendosi.

Dedico questa modesta fatica alla memoria delle mie nonne: Fanny Stern, nata a Vienna nel 1857 e morta a Milano nel 1937; Sara Osimo, nata a Monticelli d'Ongina nel 1858 e morta a Castel San Giovanni nel 1948.

Milano, maggio 1993

לא טוב

1

Le origini nell'ambito romano

Nel *I Libro dei Maccabei*, al cap. 8, si narra che tra la Giudea e Roma venne stretto ufficialmente, nel 161-160 a.C., un vincolo di alleanza. Per stipulare tale patto, Giuda Maccabeo inviò sulle rive del Tevere un'ambasceria incaricata d'ottenere l'appoggio di Roma alla sollevazione popolare che i giudei andavano conducendo per sottrarsi al vassallaggio dalla Siria ellenizzata, e per ricostituire attorno al Tempio di Gerusalemme, purificato dagli idoli pagani, uno Stato giudaico indipendente. Allorché gli ambasciatori di Giuda giunsero a Roma, un nucleo d'ebrei doveva sicuramente già risiedere in città: e si trattava di immigrati, non di schiavi.

Un secolo più tardi (nel 63 a.C.) quando Pompeo, dopo una guerra sanguinosa, attuò l'annessione della Giudea riducendola a uno Stato tributario e portando con sé a Roma un certo numero di schiavi, gli ebrei viventi stabilmente nell'Urbe dovevano ormai costituire un nucleo forte, numeroso e dotato di qualche influenza. Il progressivo irrobustimento della comunità di Roma era da ascriversi, almeno in parte, al proselitismo che gli ebrei andavano esercitando allora con grande vigore, specialmente fra i liberti, sia nella capitale dell'Impero sia negli altri centri della Diaspora mediterranea.

Tanto forti si sentivano ormai gli ebrei di Roma che, solo quattro anni dopo la vittoriosa marcia di Pompeo su Gerusalemme, nel 59 a.C., decisero di denunciare Lucio Valerio Flacco, propretore nell'anno 62 delle province d'Asia, promovendo contro di lui una sorta di "operazione mani pulite". Flacco – così suonava l'accusa – era colpevole di numerosi fatti di concussione: in particolare, d'essersi impadronito degli oboli che gli ebrei d'Asia Minore, come tutti i loro correligionari della Diaspora, inviavano ogni anno al Tempio di Gerusalemme per sopperire ai bisogni del culto. Cicerone, che assunse le difese del funzionario inquisito, nella sua arringa (*Pro Flacco*, XXVIII, 66-69) si scusò con la Corte se parla-

Vetro dorato dalle catacombe ebraiche di Roma. È decorato con l'Arca della Legge custodita da due leoni, con due candelabri a sette bracci e altri simboli.

va a bassa voce, poiché «non voglio aizzare quella gente (i giudei) contro di me e contro i cittadini migliori». E aggiungeva: «Flacco vietò questa esportazione (d'oro dall'Italia e da tutte le province verso Gerusalemme). Chi potrebbe non approvare sinceramente tale provvedimento?...Il mostrare disprezzo, nell'interesse della repubblica, verso questa marmaglia di giudei, che sono spesso così turbolenti nelle nostre riunioni, è stata una manifestazione di forza non consueta...».

Da Cesare, per contro, furono attribuiti privilegi alla comunità ebraica di Roma per gli aiuti finanziari prestati durante la guerra con Pompeo; e più tardi ancora, da Antonio e da Augusto. Diversamente da quanto accadde ai greci emigrati, i nuclei sparsi della Diaspora ebraica riuscirono per qualche secolo a godere del favore dei massimi responsabili del

Il romano nel Tempio

Pompeo nel Tempio a Gerusalemme, miniatura di Jean Fouquet dalle "Antichità giudaiche" di Flavio Giuseppe, 1475. Pompeo prese Gerusalemme nel 63 a.C.; nuclei di ebrei, allora già vivevano a Roma.

L'infante Samuele

Lapide mortuaria ebraica a Roma del principio dell'era volgare. Reca l'Arca tra due candelabri e la scritta in greco "Samuele, bambino di un anno e cinque mesi. Che il sonno sia in pace. Coraggio Samuele, nessuno è immortale". Samuele, un bambino ebreo nato in Italia.

potere romano, qualificandosi come parte di una nazione – la "nazione dei giudei" – con la quale Roma manteneva formalmente rapporti amichevoli. A differenza dei greci, i giudei della Diaspora erano considerati dai romani un elemento stabilizzante e ossequente alle leggi, e da tale circostanza traevano alcuni vantaggi. Erano ad esempio esentati dal servizio militare. Erano liberi "di osservare le proprie costumanze, secondo la legge dei loro padri". Avevano facoltà di osservare il riposo ogni sette giorni, ed erano dispensati dal comparire in giudizio il sabato. Era loro consentito di inviare offerte cospicue di denaro per il Tempio di Gerusalemme.

Permaneva tuttavia nei romani, anche in quelli di classe colta, una totale incomprensione del carattere fondamentale della religione ebraica; non capivano il rigoroso monoteismo, il rifiuto inflessibile di qualsiasi altra divinità, l'assenza di immagini nel Tempio, la rigida osservanza. Tiberio mandò quattromila giovani ebrei in Sardegna a combattere il banditismo, che se poi, commentava Tacito (*Annali*, II, 85), fossero morti tutti di malaria, sarebbe stato vile *damnum*, una perdita di poco conto! A sua volta Giovenale (*Satire*, XIV, 96-106) scriveva: «Costui ha avuto in sorte, per padre, uno che osserva il sabato: egli non adorerà se non le nubi e le divinità del cielo; non farà alcuna distinzione tra la carne umana e quella del porco, da cui si astenne suo padre; ben presto si fa persino circoncidere. Allevato nel disprezzo delle leggi romane, egli apprende, osserva, riverisce soltanto la legge giudaica, tutto ciò che Mosè trasmise ai suoi adepti in un volume misterioso».

Dagli albori dell'era volgare sino agli esiti funesti delle due più virulente insurrezioni antiromane – quella del 66-70 e quella del 132-135 d.C. capeggiata da Simone bar Kokhbà – il mondo ebraico, soprattutto in Giudea ma anche nella Diaspora, fu intensamente percorso da richiami apocalittici che andavano incontro alle esigenze dei gruppi sociali più deboli, recuperando molti dei motivi di fondo di un pensiero già presente al tempo dei Maccabei (in particolare nel *Libro di Daniele*, che risaliva appunto al II secolo a.C.).

Dopo la scomparsa di Erode il Grande a Gerico, nella primavera del 4 a.C., questa tematica apocalittica offrì spunti ideali a varie generazioni di indipendentisti promotori di rivolte antiromane, offrendo loro suggestioni tra politiche e messianiche, legittimando presso i ribelli l'uso della violenza nella lotta contro l'imperialismo pagano, e invitandoli a prepararsi al martirio.

Molti fra gli abitanti della Giudea avevano detestato in Erode i gusti pagani e la crudeltà spietata con cui aveva soppresso chiunque gli si opponesse o incorresse nel suo sospetto. Tuttavia in lui i sudditi avevano potuto in fondo vedere un ebreo praticante come capo, e non un governatore pagano che amministrava la loro nazione in rappresentanza dell'imperatore di Roma.

La realtà brutale del diretto dominio romano diede l'avvio a un periodo gravido di tragedia, contrassegnato da una latente, insidiosissima guerriglia di resistenza contro i nuovi padroni e contro quegli ebrei che collaboravano con essi.

In Palestina, come in molti altri territori della conquista romana, furono le classi alte – i ricchi, i sacerdoti di rango elevato (che appartenevano al partito dei sadducei) – a subire maggiormente la tentazione di cooperare con i nuovi dominatori. Questi collaborazionisti si preoccupavano innanzitutto di mantenere un governo e un ordinamento sociale stabili. Ma coloro che erano zelanti (in ebraico *kannaìm*) per il Dio d'Israele non erano disposti a compromessi. Per loro la Giudea era la terra santa di Yahweh: quindi il prelevare le sue risorse per darle, sotto forma di tributo, a un padrone pagano era un atto di apostasia nei confronti di Yahweh. E poiché, piuttosto che commettere apostasia, essi preferivano rischiare il martirio, la loro non fu una resistenza passiva: fecero largo ricorso alle armi, utilizzando qualunque occasione si offrisse per danneggiare o rovesciare il potere romano e coloro che lo sostenevano. In tale con-

Le monete della tragedia

In alto, moneta romana con la scritta "Iudaea capta"; la Giudea umiliata siede sotto una palma, sorvegliata dal legionario in armi. Sotto, moneta ebraica (siclo) del tempo della rivolta del 66-70 d.C. È la ribellione contro i romani che avevano imposto a Gerusalemme il pagamento del tributo all'imperatore e che terminò con la distruzione del Tempio da parte di Tito.

testo di violenza e d'alterne tensioni, le simpatie della massa del popolo di Giudea fluttuavano tra l'adesione al collaborazionismo dei notabili e dell'aristocrazia sacerdotale e la condivisione delle attese apocalittiche e messianiche dei resistenti zeloti.

Questa temperie spirituale, la medesima che diede alimento anche al costituirsi dell'originaria comunità giudaico-cristiana di Gerusalemme, non rimase confinata al solo ambito della Palestina ma venne sicuramente percepita, con varia intensità, dalle stesse comunità ebraiche della Diaspora, e in particolare da quella di Roma. Quantunque per gli ebrei residenti nella capitale dell'Impero il rifiuto da parte dei correligionari della Palestina di pagare il tributo all'imperatore (rifiuto che fu all'origine della rivolta del

La "menoràh" o candelabro a sette bracci, la tavola d'oro per esporre il pane, le trombe d'argento, un grande rotolo della Toràh e i velari color porpora che celavano il santuario fecero parte del bottino romano dopo la distruzione del Tempio. Il trionfo del vincitore fu ricordato in rilievi sotto il fornice dell'arco di Tito.

66-70) potesse ben difficilmente essere un argomento di interesse vitale, non v'è dubbio che la caduta di Gerusalemme, la distruzione del Tempio il 9 di Av, cioè il 29 agosto del 70 d.C., e la fine della resistenza nazionale ebraica costituirono una catastrofe di dimensioni tali da coinvolgerli in modo molto diretto.

A Roma infatti, nel 71 d.C., l'interesse popolare per le vicende ebraiche fu potentemente stimolato dal grandioso trionfo con cui il nuovo imperatore Vespasiano e suo figlio Tito – autore della feroce repressione della più grave fra le innumerevoli rivolte degli ebrei – celebrarono la conquista della Giudea ribelle. La nuova casata imperiale dei Flavi intendeva impressionare la popolazione di Roma

Il nove di Av

La distruzione del Tempio avvenne il 9 del mese di Av; sotto, le cerimonie annuali della ricorrenza in una sinagoga nel XVIII secolo.

Pietra di Ostia con la "menoràh". Presiedeva la sinagoga un capo religioso con poteri giudiziari. In altre località italiane, l'"archisynagogòs" aveva solo poteri religiosi e le funzioni giudiziarie e amministrative toccavano a un "laico", l'arconte. In entrambi i casi coadiuvavano funzionari subalterni.

con la sfarzosa esibizione della sua vittoria. Di conseguenza – come testimonia nella *Guerra giudaica* (VII, 116-62) Giuseppe Flavio, lo storico ebreo di stirpe sacerdotale passato dalla parte dei romani durante il conflitto – ci si sforzò in modo particolare di presentare agli abitanti della capitale un'immagine viva e reale della guerra giudaica. Giuseppe descrive il corteo trionfale, ricordando come attraverso le strade di Roma, oltre a «caterve di prigionieri» e alle spoglie della vittoria, sfilassero degli scenari mobili appositamente predisposti, i quali presentavano vivaci raffigurazioni dei fatti salienti della guerra, «tali che a chi non aveva visto svolgersi quei fatti sembrava ora di assistervi di persona».

«Quel giorno», conclude Giuseppe,«la città dei romani festeggiò la vittoria sui nemici, la fine delle lotte intestine e l'inizio di liete speranze per il futuro». Non fa cenno, il cronista, ai riflessi che il trionfo dei Flavi dovette senz'altro avere sullo stato d'animo degli ebrei romani, molti dei quali, in quello stesso giorno, si trovarono sicuramente nelle strade di Roma mescolati alla folla, e assistettero con profondo, muto, amarissimo turbamento all'esibizione della disfatta del giudaismo, resa palese soprattutto dal passaggio nel corteo trionfale del rotolo della Toràh e del velario che aveva celato il santuario più segreto del culto ebraico: trofei la cui presenza nel bottino della vittoria romana testimoniava la fine catastrofica di quel culto che rappresentava il privilegio esclusivo del popolo ebraico, e che per loro, giudei della Diaspora, era il simbolo della superiorità spirituale del loro popolo sulle altre genti.

Sarebbe tuttavia errato ritenere che questa svolta di valore epocale cogliesse il mondo ebraico impreparato, privo cioè di risorse tali da consentirgli di riprendere un suo particolarissimo cammino verso il futuro. Nello stesso periodo in cui una parte degli ebrei di Palestina vedeva vanificare – attraverso il fallimento delle varie ribellioni antiromane – le proprie speranze di rigenerazione messianica, il grosso della vita nazionale ebraica andava incanalandosi e trovando adeguata espressione in quelle congregazioni che, con termine greco, furono denominate sinagoghe (letteralmente "assemblee").

Sinagoghe esistevano tanto in Palestina quanto nella Diaspora. Il loro capillare diffondersi dovunque vi fossero ebrei fu certamente propiziato, almeno dal I secolo a.C., dai farisei (in aramaico *perushìm*, "separati"): un partito religioso composto di laici appartenenti a tutte le categorie professionali, in particolare agli scribi, che da un lato ripudiavano la leadership delle famiglie sacerdotali ereditarie e della classe dirigente tradizionale della Giudea (con il sommo sacerdote e il sinedrio), e dall'altro anteponevano al nazionalismo estremista e agli entusiasmi apocalittici l'osservanza scrupolosa della Legge, il rigore morale e la passione per lo studio biblico.

In Palestina come nella Diaspora le sinagoghe univano le funzioni di case di riunione a scopo di preghiera (*beth ha-kenéseth*) con quelle di case d'istru-

La sinagoga di Ostia

I ruderi della sinagoga di Ostia, il porto di Roma; risale al I sec. d.C. e la si ampliò e abbellì dal II al IV. Occupava una superficie di 850 metri quadrati.

Un sarcofago ebraico

zione (*beth ha-hamidràsh*), oltre a essere adibite ad altri usi quali centri di comunità. Mentre l'adorazione e il sacrificio erano riservati al Tempio di Gerusalemme, le sinagoghe rappresentavano il costituirsi di un culto fondato sulla lettura e sul commento della Bibbia (e in particolare dei cinque libri della Toràh), sulla cura diretta o indiretta dell'educazione dei fanciulli e degli adulti, e su un'organizzazione amministrativa e assistenziale. Non v'era limitazione al numero di sinagoghe di una città, e un qualsiasi gruppo di giudei poteva per propria iniziativa fondarne una, purché riunisse il *minjàn*, cioè il prescritto numero minimo di adulti di sesso maschile (dieci) per le funzioni religiose.

Nella sola penisola italiana, l'accentuata dispersione degli ebrei di Palestina dopo la caduta di Gerusalemme, nel 70, produsse l'arrivo di qualche decina di migliaia di transfughi, oltre a un numero imprecisato ma sicuramente elevato di schiavi. I nuovi arrivati si concentrarono soprattutto a Roma, dove gli insediamenti ebraici più antichi erano localizzati a Trastevere e sull'isola Tiberina.

Sarcofago ebraico delle catacombe romane. È detto delle "Quattro stagioni" per le figurazioni alludenti ad autunno e inverno sul frammento rimasto.

Nei primi secoli dell'era volgare gli ebrei dell'Urbe, il cui idioma corrente, per lo meno nel chiuso del loro ambiente, era il greco parlato e scritto dagli strati più modesti delle popolazioni del Mediterraneo, avevano un'organizzazione comunitaria articolata in una pluralità di sinagoghe.

A parte l'organizzazione delle sinagoghe, il complesso della comunità di una città gestiva in proprio gli edifici per l'amministrazione e per le riunioni, mentre ciascun ramo di attività professionale (artigiani, commercianti) era organizzato in gilda. Tutte le comunità disponevano dell'ufficio di *grammateùs* (lo scriba), vuoi per la redazione dei documenti che attenevano ai rapporti con le autorità locali o con altre comunità ebraiche, vuoi per la tenuta dell'archivio comunitario. Tale carica, considerata di grande prestigio, era solitamente ereditaria.

Camera sepolcrale decorata con motivi ebraici ed elementi mitologici pagani nella catacomba ebraica della Vigna Randanini, sulla via Appia a Roma; l'epigrafe greca la dice appartenuta a un Petronio, figlio di Onorato e Petronia.

Gli affrancati

L'epigrafe romana dice degli ebrei Baricha, Zabda e Achiba, affrancati da un Lucio Valerio, I secolo d.C.; dalla via Appia.

Nelle sinagoghe gli ebrei diventarono per la prima volta "il popolo del Libro". Infatti il servizio religioso sinagogale presupponeva che il testo biblico fosse accessibile anche a chi non sapeva di ebraico: donde la traduzione orale o scritta della Bibbia in aramaico, in greco o, più tardi, in latino, un fatto unico nel mondo antico. Da questo punto di vista la sinagoga dimostrò d'essere un'istituzione particolarmente duttile, in quanto seppe mantenere e sviluppare una sostanziale unità di culto anche là dove veniva a mancare l'unità di lingua. Certo, la molteplicità delle sinagoghe si sarebbe ridotta a caos in assenza di interpreti autorevoli della Legge. Di qui, il proliferare di scuole per la formazione di rabbini ("maestri").

Diversamente da tanti altri popoli scomparsi quasi senza lasciare tracce nell'età tardoantica, gli ebrei riuscirono a sopravvivere alla distruzione della loro entità politica, e del loro Tempio, proprio grazie alla capacità dei loro capi spirituali di espandere la Toràh in un sistema di teologia morale e di legge comunitaria di enorme coerenza, continuità logica e forza sociale. Avendo perso il regno d'Israele, gli ebrei trasformarono la Toràh in una fortezza della mente e del cuore.

Narra la tradizione che nell'agosto del 70 il rabbino fariseo Jochanàn ben Zakkai, chiamato "il pilastro del diritto", venne portato fuori da Gerusalemme assediata nascosto in una bara. Si era opposto alla rivolta, ed era portavoce di quell'elemento, presente da molto tempo nel giudaismo, che riteneva che Yahweh e la fede sarebbero stati serviti meglio senza il carico e la corruzione del potere politico. Ottenne il permesso dalle autorità romane di istituire un centro di studi e di pratiche farisaiche a Jabneh, a ovest di Gerusalemme, non lontano dalla costa mediterranea. Là furono idealmente sepolti il sinedrio e lo Stato, e in loro vece un sinodo di rabbini si riunì in un vigneto vicino a una colombaia, o al piano superiore di una casa. Il rabbino e la sinagoga divennero le istituzioni normative del giudaismo, che d'allora in poi fu essenzialmente una fede congregazionalista.

La vicenda di Jochanàn ben Zakkai e del suo centro di studi biblici può essere letta come la metafora dell'emergere dei rabbini quali nuovi capi di una nazione senza Stato, senza territorio e senza unità linguistica. Il pensiero di questi nuovi leader, dominato dall'ossessione per le norme di purità, fu animato anche da una grande competenza giuridica e da un notevole grado di libertà intellettuale.

Nel complesso i rabbini scoraggiarono le speculazioni messianiche, in special modo quand'erano tali da implicare iniziative insurrezionali: dando con ciò per implicita la rinuncia a rischiosi tentativi di ricostituzione di un'entità politica indipendente. Lo Stato ebraico non c'era più, ma nelle sinagoghe i rabbini seppero infondere la gioia della Legge, un senso disciplinato di vita collettiva, la preoccupazione e l'amore per le giovani generazioni, l'inflessibile fiducia nel Dio unico d'Abramo e di Mosè.

Disputa col papa

Agli inizi del confronto. Nel 315 Silvestro I papa disputò con dodici rabbini fatti venire dall'Oriente, arbitri due filosofi pagani. La leggenda è cristiana: i rabbini, convinti, si convertirono. Nell'affresco del XII secolo, che in San Silvestro a Tivoli ricorda l'episodio, da un lato Elena, madre di Costantino, patrocinatrice del dibattito, dall'altro il gruppo degli ebrei che vi prese parte. Il ben noto editto costantiniano era vecchio di soli due anni.

2

Le radici del confronto con i cristiani

Dal II secolo d.C. in poi il settarismo, che per varie generazioni era stato un aspetto così caratteristico del mondo ebraico, virtualmente sparì e tutti i vecchi partiti furono inglobati nel giudaismo rabbinico. Lo studio della Toràh rimase un'arena di fierissime controversie, ma queste ebbero luogo entro una cornice di consenso sostenuto dal principio maggioritario, grazie anche alla relativa assenza di una teologia dogmatica e di una struttura clericale gerarchica.

Tra il II e il V secolo nell'area di lingua aramaica, cioè nelle scuole rabbiniche orientali (palestinesi e babilonesi), andò compiendosi – attorno alle grandi compilazioni giuridiche della *Mishnàh* ("ripetizione") e della *Toseftà* ("aggiunta") – il gigantesco lavoro di redazione per iscritto della tradizione orale, ossia la formazione del *corpus* giuridico-rituale ebraico: il Talmùd ("studio"), o piuttosto i due Tal-mudìm (di Gerusalemme e di Babilonia).

Per quanto concerne le comunità della Diaspora occidentale di lingua greca e latina – cui appartenevano anche quelle d'Italia – non sono mancati gli storici che erroneamente hanno ritenuto che esse attuassero, in seguito alla catastrofe nazionale del 70 d.C., un repentino ripiegamento su se stesse. In realtà le cose non andarono così. E per convincerse-

Il rabbino insegna a un giovane; miniatura di manoscritto ebraico del XV secolo.

ne è sufficiente considerare il prolungarsi delle polemiche – vigorose da ambo le parti e non di rado cariche di veleni – tra i Padri della Chiesa e i rabbini.

Dopo la frattura iniziale, ebrei e cristiani si trovavano ormai gli uni di fronte agli altri in tutta l'area del Mediterraneo, e tra loro erano inevitabili l'opposizione, il conflitto, le rivalità. Entrambi i gruppi si ricollegavano alla stessa radice e rivendicavano lo stesso patrimonio: quello delle Scritture. Entrambi sostenevano con ostinata convinzione d'essere il

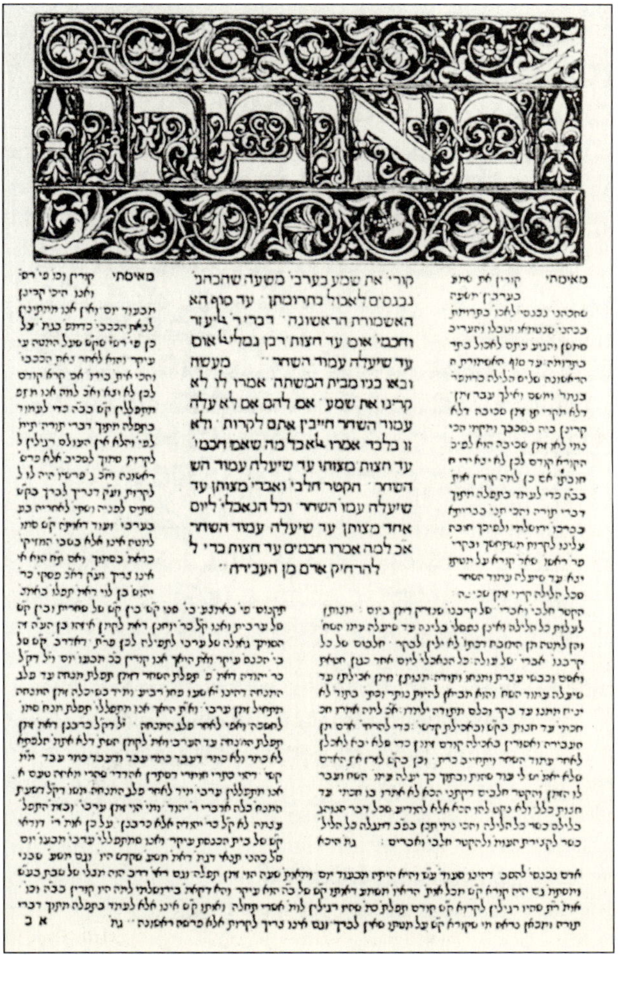
מאימתי

קורי' את שמע בערבי' משעה שהכהני'
נכנסים לאכול בתרומתן עד סוף הא
האשמורת הראשונה דברי ר' אליעזר
וחכמי' אום עד חצות רבן גמליאל אום
עד שיעלה עמוד השחר מעשה
ובאו בניו מבית המשתה אמרו לו לא
קרינו את שמע אם להם אם לא עלה
עמוד השחר חייבין אתם לקרות ולא
זו בלבד אמרו אלא כל מה שאמו חכמי'
עד חצות מצותו עד שיעלה עמוד הש
השחר הקטר חלבי' ואברי' מצותן עד
שיעלה עמו השחר וכל הנאכלי' ליום
אחד מצותן עד שיעלה עמוד השחר
אכ למה אמרו חכמים עד חצות כדי ל
להרחיק אדם מן העבירה

Il Talmùd babilonese, nell'edizione pubblicata a Soncino da Joshua Salomon Soncino nel 1483-84. Il testo è incorniciato dai commenti.

Cittadini ...

Costantino – sopra, la testa di una sua statua colossale – si impadronì delle province occidentali battendo Massenzio al Ponte Milvio nel 313 (è la battaglia del prodigioso "In hoc signo vinces"); nel 324 divenne "totius orbis imperator". Nel 313 aveva emesso l'editto di tolleranza del cristianesimo, nel 337 ricevette il battesimo, in punto di morte. Si avviò la trasformazione dello Stato romano in Stato cristiano e in conseguenza si aprì la via alle restrizioni contro gli ebrei.

popolo di Dio, il "vero Israele", erede delle promesse e depositario della Rivelazione. Per di più, nei confronti del mondo pagano un'insuperabile competizione opponeva la predicazione del Vangelo al proselitismo ebraico, il quale restò attivissimo durante i primi secoli dell'era volgare.

Le comunità ebraiche d'Italia non conservavano alcuna memoria di sistematiche interdizioni subite da parte degli imperatori pagani, giacché questi consideravano il giudaismo una *religio licita.* Gli ebrei godevano dello statuto di *peregrini* o *cives*, analogamente a tutti gli altri sottoposti alla *ditio* romana; anzi, a partire dalla *Constitutio antoniniana* emanata da Caracalla nel 212, divennero tutti *cives* romani senza eccezione.

Ma le cose cambiarono radicalmente con l'editto di Milano e la conversione di Costantino al cristianesimo (313 d.C.): un evento che – associando ufficialmente al supremo potere politico una religione che ancora poco tempo prima era fuorilegge e vittima di persecuzioni – ebbe conseguenze di una vastità incalcolabile nella storia politica e della spiritualità europea. La trasformazione dello Stato romano da pagano in cristiano portò, in meno di un secolo, alla liquidazione del culto pagano, alla messa al bando di alcune eresie cristiane, e a una serie di restrizioni a carico degli ebrei, che furono progressivamente privati di tutti i diritti politici, della facoltà di ricoprire cariche pubbliche, di esercitare determinate professioni, oltre a essere dichiarati inabili a testimoniare contro i cristiani e a vedersi costretti a rinunziare per legge al proselitismo, ai matrimoni misti e all'edificazione di nuove sinagoghe.

La legislazione imperiale e conciliare che si formò a partire dal IV secolo tendeva sostanzialmente a eliminare dalla società cristiana qualsiasi influenza ebraica, a innalzare barriere tra cristiani ed ebrei, ad allontanare questi ultimi dalle strutture amministrative ed economiche, mettendoli al bando dell'Impero. Identici motivi e identiche tendenze si ritrovano, in quell'epoca, nell'insegnamento teologico dei predicatori e degli scrittori ecclesiastici, anche dei più illustri. Nelle loro opere viene per la prima volta addossata con veemenza agli ebrei – cioè a tutte le generazioni della progenie d'Israele – la responsabilità esclusiva della morte di Gesù (si vedano per esempio i Sermoni 54, 57 e 59 del papa Leone Magno, vissuto tra il 395 e il 461). Si tratta di prese di posizione autorevoli che non mancheranno di impregnare profondamente il pensiero, la fantasia, la sensibilità, il linguaggio e tutte le tradizioni dei popoli del medioevo cristiano, inducendoli a ricorrenti manifestazioni di disprezzo e d'ostilità verso gli ebrei.

Le autorità cristiane più ragionevoli, tuttavia, non perseguivano lo scopo di sradicare il giudaismo con la forza. Sant'Agostino (354-430), il più eminente fra i teologi latini, sosteneva (nel *Sermone ai catecumeni* e nel *Trattato sui Salmi*) che gli ebrei, per la loro stessa esistenza, facevano parte del disegno divino, poiché erano la testimonianza della verità del cristianesimo: il loro fallimento e la loro umiliazione simboleggiavano il trionfo della Chiesa sulla Sinagoga. Il deicidio perpetrato dagli ebrei risultava quindi essere una *felix culpa*, come quella di Adamo, in quanto condizione richiesta per la nascita del cristianesimo (la cui affermazione era destinata ad adempiere e non ad abrogare l'antica Legge). «Inintelligenti», asseriva Agostino, «gli ebrei veicolano libri intelligenti». E pertanto la politica della Chiesa mirava a lasciar sussistere, in condizioni di degradazione e impotenza, piccoli nuclei ebraici: sepolti e vivi.

... e cittadini diminuiti

Questo volgere sfavorevole degli eventi ridusse gli ebrei italiani a cittadini di seconda categoria; ma cittadini – ossia *cives romani* – rimasero sempre, anche dopo la caduta dell'Impero d'Occidente nel 476: obbligati perciò a regolare i loro rapporti interni ed esterni secondo il diritto romano. Tale stato di cose non subì mutamenti né sotto i goti, né nei 15 anni della riconquista bizantina (553-568), né nei due secoli seguenti, che videro il dominio longobardo – durissimo con gli ebrei ma, nel complesso, meno intollerante di quello bizantino sul piano religioso –

Caracalla, l'imperatore figlio di Settimio Severo. Con la sua "Constitutio antoniniana", del 212 d.C., la piena cittadinanza romana era stata conferita a tutti i provinciali liberi.

Il significato di Giona

Dalla Lipsanoteca di Brescia (IV secolo): settimo nella nave Giona viene gettato alla balena. Secondo i rabbini nella nave erano in 70, quante le genti del mondo. Nella storia di Giona ebreo, che si offre di essere gettato in mare perché la tempesta si plachi, viene letto il riflesso della convinzione ebraica che il mondo può essere redento per il sacrificio spontaneo di un giudeo. L'iconografia cristiana ne serba traccia nell'allusivo numero degli imbarcati.

esteso a gran parte della penisola italiana. Soltanto a partire dalla legislazione dei franchi, che si sostituirono ai longobardi nella sovranità del Regno italico, nel 774, si cominciò a notare qualche traccia di riconoscimento di una *lex judeorum*.

Nelle lettere che il pontefice Gregorio Magno (vissuto tra il 540 e il 604) dedicò agli ebrei e ai rapporti tra la Chiesa e gli ebrei, sono numerosi i riferimenti ai nuclei ebraici dell'Italia meridionale e insulare, mentre per i territori italiani attorno e a nord di Roma si menzionano solamente le comunità di Roma, di Terracina nel Lazio meridionale e di Luni nella Tuscia.

Dall'inizio del VII secolo, la documentazione si fa sempre più scarsa. Nell'Italia meridionale, ossia nei territori prima politicamente suddivisi tra il dominio longobardo (ducato di Benevento) e quello bizantino, poi unificati nel regno normanno, le comunità sono numerose e le testimonianze (in particolare archeologiche e letterarie) meno rare. Invece, nel Regno d'Italia longobardo-franco e nelle terre già bizantine, passate sotto la sovranità dei pontefici (ossia nell'Italia settentrionale e centrale), la scarsità di documenti permane sino a tutto il XIII secolo. Fa eccezione Roma, dove fiorisce una comunità ebraica piuttosto numerosa, le cui vicende si possono rico-

struire con una certa precisione sin dall'XI secolo.

L'Italia meridionale e insulare offre, nell'alto medioevo, un insieme di dati distribuiti in contesti diversi e connessi con complicate vicende politiche e culturali, che qui si possono solo accennare.

Gli ebrei siciliani vissero tra l'827 e il 1061 una lunga stagione di prosperità operosa sotto la signoria musulmana: una signoria che favorì proficui contatti tra i popolosi nuclei giudaici di Palermo, Messina, Catania, Siracusa, Agrigento, e le comunità ebraiche dell'area islamizzata del Mediterraneo, estesa dalla Mesopotamia sino alla Spagna.

Per gli ebrei residenti nel Mezzogiorno peninsulare, le testimonianze più consistenti e cronologicamente più estese si riferiscono alla Puglia. In questa regione le colonie ebraiche erano poste al confine fra tre mondi: quello bizantino, quello barbarico (goto prima, longobardo poi) e, da un certo momento in avanti, quello musulmano.
Si trattava di una frastagliatissima spartizione, destinata a non reggere a lungo; tant'è che incursioni e guerre ne spostarono continuamente i confini, e dietro a questi confini variarono signori e genti. La vita ebraica era condizionata da tutti gli avvenimenti che interessavano la regione. Vediamo così alternarsi al terrore di persecuzioni in chiave religiosa quello, comune a tutti, delle scorrerie dei saraceni.

Nei territori soggetti al ducato longobardo di Benevento, sembra che l'influenza degli ebrei nel IX secolo fosse notevole, al punto da indurre i cristiani a "giudaizzare e oziare il sabato"; chierici e laici condividevano la mensa con gli ebrei, e non erano infrequenti i matrimoni tra i seguaci delle due fedi. A questo stato di cose la Chiesa si oppose, pare, con sinodi celebrati a Benevento e Siponto.

Toccò comunque alle colonie ebraiche stanziate

L'immagine dell'ebreo

Barba lunga, cappello in capo: rappresentazione medievale cristiana di ebrei (nella disputa con Ildefonso da Toledo).

Gli ebrei in Puglia

nei porti più meridionali della Puglia (Otranto e Taranto), nonché agli insediamenti dislocati lungo la via Appia (Brindisi, Oria, Matera, Gravina, Venosa, Benevento, Capua), fungere da anelli privilegiati di una catena che collegava nell'alto medioevo la Palestina e l'Oriente con Roma e con gli altri nuclei ebraici della Diaspora occidentale. I documenti che fanno pensare a un legame diretto con le matrici palestinese e babilonese autorizzano ad affermare che proprio nell'Italia meridionale si compì il trapianto in Occidente del Talmùd, dando anche inizio al revival della lingua e della cultura ebraica sul suolo europeo. Centri di insegnamento talmudico cominciarono a operare nelle Puglie, e i nomi di Bari, di Venosa, di Trani ecc., riecheggiarono nel mondo ebraico medioevale. Il moto culturale si estese più tardi verso il nord. Nell'XI secolo Roma, Pavia e Lucca – città che nel X e XI secolo era il centro

Nella sinagoga di Trani, oggi chiesa di S.Anna, costruita nel 1207 "con una cupola alta e riccamente disegnata", come dice una lapide. Accanto, la "giudecca" di Trapani.

più importante della marca di Tuscia, bastione meridionale del Regno d'Italia – produssero talmudisti di fama. Da Lucca il Talmùd fu poi trasmesso al di là delle Alpi sino a raggiungere la valle del Reno, dove si moltiplicarono i centri d'insegnamento (Worms, Spira, Magonza) con una fioritura che coinvolse ben presto anche le contigue terre francesi.

3

L'ineguaglianza teorizzata

Lungo tutto l'arco dell'alto medioevo l'importanza sociale dei nuclei ebraici italiani fu molto più rilevante di quanto l'esiguità della loro consistenza demografica farebbe supporre. Gli ebrei potevano possedere terreni, e quindi trarre profitto dall'agricoltura (ferma restando la proibizione di tenere presso di sé schiavi cristiani); ma essendo insediati prevalentemente nelle città, praticavano soprattutto i commerci e le attività artigianali, per esempio la tessitura, la tintoria e l'arte della seta.

Per la maggior parte erano capaci di leggere, scrivere e far di conto; e quindi riuscivano a stabilirsi con relativa facilità ovunque, tant'è che per alcuni secoli poterono svolgere un ruolo privilegiato negli scambi commerciali su tutte le rotte mediterranee, tra mondo islamico e mondo cristiano. A poco a poco, però, tale funzione di raccordo tra i principali centri emporiali del Levante e quelli dell'Europa meridionale venne loro a mancare con l'emergere, tra il X e l'XI secolo, delle nuove potenze commerciali di Venezia, Genova, Pisa e Amalfi, cui corrispose – sulla sponda opposta del Mediterraneo – il costituirsi di forti agenzie commerciali dei sovrani e principi musulmani.

Nel complesso, ad ogni modo, nell'Italia dei secoli bui questi ebrei urbani, quando non dovettero confrontarsi con sporadici indurimenti delle restrizioni giuridiche o con momentanei soprassalti di violenza persecutoria, godettero di condizioni di vita relativamente buone. Di ciò ci vengono offerte testimonianze eloquenti nel *Séfer Massaòth* ("Libro di viaggi") redatto da Benjamin da Tudela: un ebreo spagnolo, probabilmente un mercante di pietre preziose, che animato da una straordinaria capacità di osservazione compì, negli anni 1159-1172, ampie peregrinazioni nell'area del Mediterraneo, annotando – ovunque si fermasse – le condizioni delle comunità ebraiche. Nel corso di due distinti soggiorni in Italia, Benjamin visitò Genova, Pisa, Lucca, Siena, Roma, Capua, Napoli, Amalfi, Salerno, Benevento, Melfi, Trani,

Nella sinagoga; incisioni medievali, qui sopra un dettaglio, a destra un interno. Scorci d'Italia al tempo di Benjamin da Tudela: nella Sicilia, che «contiene tutte le delizie di questo mondo», il viaggiatore trova milleduecento famiglie di ebrei a Palermo; duecento risiedevano a Roma, rispettate e non soggette a tributo, e Jechiel «giovane, bello, intelligente e colto», era «amministratore della casa del papa».

Brindisi, alcune altre località pugliesi e la Sicilia. Proprio qui il viaggiatore poté rilevare l'esistenza di situazioni particolarmente favorevoli. Nell'isola infatti i normanni – il cui dominio era subentrato nel 1061 a quello degli emiri arabi – avevano ereditato e

La sinagoga

L'immagine dell'ebreo

fatto propria una civiltà capace di riservare a ciascuno dei tre gruppi religiosi – cristiani, musulmani ed ebrei – un trattamento politico equiparato. Non sappiamo se la cifra di 1.200, con la quale Benjamin indica la consistenza numerica della comunità ebraica di Palermo, si riferisca al numero delle famiglie o dei singoli individui; ma in ogni caso essa rivela l'esistenza di un centro di vita ebraica di maggior peso rispetto a tutti gli altri presenti a quell'epoca in Italia.

Tale stato di cose era destinato a mutare dai primi anni del XIII secolo, allorché prese corpo una profonda trasformazione della base economico-sociale su cui si reggeva l'esistenza dei gruppi ebraici.

Innanzitutto, data la natura del sistema feudale – che comportava reciproci doveri di fedeltà sanciti dal giuramento cristiano – agli ebrei divenne sempre più difficile possedere terre, sicché si trovarono ben presto esclusi dalle attività agricole. In secondo luogo, l'intenso espandersi nelle varie città di solidi ceti borghesi cristiani dediti alle arti e ai traffici portò a un rapido tramonto, in particolare sul terreno della mercatura, dell'iniziativa ebraica che per vari secoli era stata in posizione di grande rilievo, non soltanto in Italia ma in tutto il bacino del Mediterraneo.

Ne derivò che gli ebrei, spinti a ciò anche dal-

Schizzo caricaturale di ebreo, in un documento del XIII secolo. A destra l'imperatore Enrico VII e la comunità ebraica di Roma, in un codice renano del XIV secolo.

l'ostilità della Chiesa verso ogni tipo di impiego fruttifero del denaro e dalle conseguenti sanzioni spirituali minacciate ai cristiani che ne facessero pratica, si dedicarono in misura sempre più larga al prestito a interesse. In sostanza, si diedero a praticare l'unica attività per la quale le leggi cristiane creavano addirittura una discriminazione a loro favore, e così finirono con l'identificarsi con l'odiato mestiere di usurai.

Non va peraltro dimenticato che, nel periodo delle crociate, varie categorie di usurai cristiani – italiani, francesi e catalani – aiutate da formali permessi dei governi e da collusioni ecclesiastiche, erano in grado di procurarsi lauti guadagni sia mediante accaparramenti di generi di prima necessità e prestiti garantiti sulle terre poste in vendita da parte della nobiltà impegnata nelle crociate, sia persistendo, malgrado i ripetuti fulmini papali, a provvedere di danaro e di rifornimenti il nemico saraceno. Poiché, quindi, le operazioni finanziarie più consistenti continuarono a essere condotte, con vari espedienti, da banchieri cristiani, gli ebrei finirono per specializzarsi nella gestione di banchi dei pegni e nel prestito di piccole somme ai poveri. Cosicché nell'arco di circa tre secoli tale processo li portò a diffondersi – per la fondazione capillare di banchi di prestito – in tutti o quasi i comuni italiani di una certa consistenza, in particolare nel centro e nel nord della penisola.

Insomma, negli ultimi secoli del medioevo le comunità ebraiche parvero crescere e moltiplicarsi all'ombra della "protezione" delle autorità costituite. L'atteggiamento ufficiale di queste, peraltro, palesava nei loro confronti una crescente ambivalenza. Per esercitare le operazioni di banco gli ebrei dovevano ottenere licenze dalle autorità locali, pagando considerevoli somme. Sugli ebrei gravavano, in sostanza, forti tributi; e questi suscitavano gli appetiti dell'aristocrazia cittadina e feudale. I signori laici tendevano a trattare gli ebrei come loro proprietà personale da sfruttare: non soltanto i loro redditi ma, in caso di necessità anche i loro capitali potevano essere

L'immagine dell'ebreo

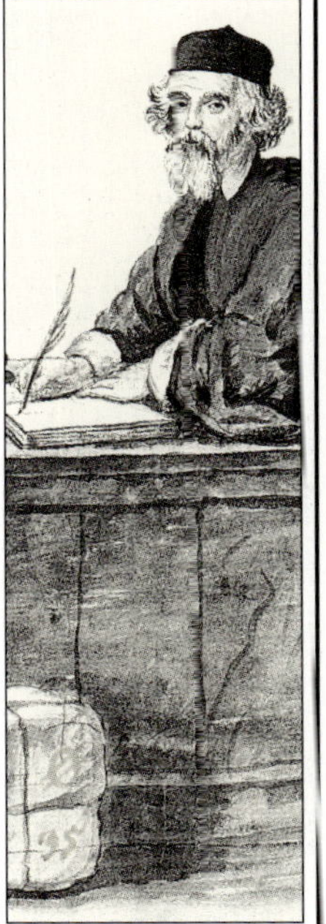

Mercante ebreo di Venezia, particolare da un acquarello di Giovanni Grevembroch (XVIII secolo).

Contro la "perfidia giudaica"

Solo la "perpetua servitù", da intendersi come stato di inferiorità sancito da regole limitative della libertà, poteva definire la presenza degli ebrei nel mondo cristiano, secondo la bolla *Etsi Iudaeos* emanata da Innocenzo III (sopra) del 1205.

espropriati. Allora, molto spesso, la suprema autorità regia reagiva e dichiarava che gli ebrei – ossia, effettivamente, tutti i proventi che si potevano ricavare da loro a qualsiasi titolo e, parallelamente, tutte le funzioni protettive nei loro confronti – erano di pertinenza esclusiva del re, e non di questo o di quel principe inferiore nelle cui terre essi risiedevano.

Quanto ai signori feudali ecclesiastici, anch'essi, nella loro qualità di governanti di città, apprezzavano il valore economico della presenza ebraica; ma come uomini di Chiesa l'aborrivano. Del resto dopo la fine dell'XI secolo, nel clima incandescente della predicazione delle crociate, delle lunghe lotte contro l'Impero e le altre autorità secolari per le investiture, e dei conflitti senza quartiere con i movimenti ereticali rigogliosamente pullulanti anche in Italia (patarini, dolciniani, valdesi, arnaldisti, ecc.), il papato andava organizzandosi – nei rapporti con il clero – come una vera e propria monarchia assoluta. Tutta la legislazione canonica, che mise le sue solide fondamenta proprio tra l'XI e il XII secolo, poggiava essenzialmente sulla suprema autorità del papa, accentuando il distacco del clero dai laici e facendo della Chiesa quasi una città di Dio in terra.

Il principale interprete di tale processo di riorganizzazione ecclesiastica fu Innocenzo III (1198-1216), un pontefice dotato di una mente chiara e legalistica e ricco di una fede orgogliosa e inflessibile nell'autorità divina della sede di san Pietro. Questo papa convocò nel 1215 il IV Concilio ecumenico Lateranense allo scopo di regolare tutte le questioni religiose attraverso la promulgazione e l'applicazione di misure severissime, tese a ristabilire nell'intiera cristianità, sino a Costantinopoli, la disciplina della vita ecclesiastica e la supremazia religiosa e politica del papato. Fine primario del concilio era l'estirpazione dell'«eretica pravità», anche se questa, in molti casi, più che una vera e propria rivolta religiosa era l'espressione di una profonda crisi politico-sociale. In subordine il concilio emanò una serie di disposizioni avverse alla «perfidia giudaica» che a dire il vero, entro l'imponente e turbinoso scenario delle lotte titaniche in corso, poteva tutt'al più fungere da modesta comparsa marginale. Fra le misure a carico degli ebrei si sancirono: la proibizione di estorcere «usure gravi o immoderate» in modo da evitare che «in breve tempo gli ebrei diano fondo alle risorse dei cristiani»; l'obbligo fatto agli ebrei di pagare alle chiese le decime e le oblazioni dovute in ragione di tutte le proprietà immobiliari che essi avessero acquistato da cristiani; l'imposizione a ebrei e saraceni d'ambo i sessi, e in quasiasi Paese cristiano, di una maniera di vestirsi tale da essere sempre facilmente distinguibili dal resto della popolazione (il cosiddetto "segno"), onde evitare qualsiasi peccaminosa commistione sessuale; l'esclusione degli ebrei da tutti i pubblici uffici, «giacché è oltremodo assurdo che qualcuno che bestemmia contro il Cristo eserciti il potere sui cristiani»; l'istituzione di un severo controllo ecclesiastico su coloro che, dopo essersi volontariamente accostati all'onda del sacro battesimo, fossero sospettati di conservare una segreta propensione per la loro antica fede.

Anche gli imperatori del Sacro romano impero ebbero una copiosa legislazione antiebraica, ma soprattutto antiereticale. Federico II di Svevia (1194-1250), sulle orme del suo grande precettore Innocenzo III, pubblicò da Roma nel novembre 1220 severissime leggi generali contro le varie coorti di catari, patarini, leonisti, ecc. e contro i loro fautori. Si direbbe che proprio l'autorità imperiale prendesse la guida della lotta contro l'eresia, e che di fronte agli eretici lombardi Federico, più che il papa, rappresentasse gli interessi della fede cattolica. Questo, in teoria. Nella realtà gli imperatori – e in special modo Federico II – si trovarono in conflitto quasi permanente con la Curia romana, e più di una volta contrapposero un papa a un altro e gettarono la Chiesa nello scisma. E nella lotta, si trovarono spesso nella necessità di raccogliere attorno a sé, o almeno tollerare, tutte le forze antipapali senza fare troppo sottili distinzioni. In questa luce, Federico II –

Il segno

Risale al IV Concilio ecumenico Lateranense, indetto da Innocenzo III, l'obbligo per gli ebrei di vestire in modo distinguibile dal resto della popolazione; è l'origine della duratura imposizione del "segno", rinnovata nel nostro secolo per tutti gli ebrei dei territori occupati dai tedeschi, a partire, nel novembre 1939, da quelli di Polonia.

titolare anche del trono di Napoli e Sicilia, che aveva ereditato dalla madre Costanza d'Altavilla – fu, è vero, il primo monarca a ordinare (1221) che gli ebrei residenti nei suoi reami meridionali portassero indumenti che li distinguessero dai cristiani e si facessero anche crescere la barba. Ma ciò non gli impedì di promulgare più tardi tutta una serie di strumentali "privilegi e sentenze" (poi raccolti nel *Liber Augustalis*, Melfi 1231) a favore dei "suoi" ebrei che in tal modo, per un quarto di secolo, si trovarono affrancati dal controllo fiscale dei vescovi.

Federico II rivelò indubbiamente alcuni tratti più moderni rispetto all'atteggiamento generale del suo tempo. In particolare, introdusse nella sua amata Sicilia le basi di una migliore amministrazione. Ma

Fantasia miniata

Salterio del XIII secolo, opera di artista ebraico, codice della Biblioteca Palatina di Parma. Il testo dei Salmi, su due colonne, è incorniciato dal commento di Ibn Ezrà (1154).

tutta la sua concezione del mondo era medioevale. Le sue aspirazioni più autentiche erano parallele e competitive con quelle dei papi suoi contemporanei.

Il suo sogno universalistico, tuttavia, si attuò tanto poco quanto quello di Innocenzo III o, più tardi, di Bonifacio VIII (1294-1303). Come la cattività avignonese successe a Bonifacio, così Federico II fu seguito dalla fine ignominiosa della sua casa e dall'interregno. Dopo la sua morte, il tramonto del regime svevo-normanno nell'Italia del sud – culminato nell'uccisione di Manfredi (1266), nella sconfitta di Corradino e nel successivo instaurarsi del dominio degli angioini – segnò per le collettività ebraiche nel Mezzogiorno italiano l'inizio di una lenta ma inarrestabile decadenza.

Ricordo di una comunità

Una comunità ebraica meridionale, quella di Oria Messapica, estintasi, si crede, con l'incursione saracena del 925, è ricordata nel "Libro delle generazioni" (*Séfer Juchasìn*), il più antico testo storico-letterario dell'ebraismo europeo, opera di Achimàaz da Oria (1054). In territorio bizantino, la comunità fu perseguitata al tempo di Basilio I (IX secolo), quando grandi e piccoli furono costretti a immergersi nelle "putride acque" del battesimo. Ben più tardi gli ebrei del regno meridionale ebbero una certa protezione da parte di Federico II (qui, col seguito, nell'ambone della cattedrale di Bitonto).

4

Spazi aleatori, sinistri interludi

A Roma, l'obbligo per gli ebrei di portare un contrassegno sugli abiti venne reso operante – sia pure in forme blande e discontinue – dal 1257: per gli uomini un cerchio giallo che più tardi (1310) venne mutato in un tabarro rosso, e per le donne due strisce blu sul velo.

Attorno all'inizio del XIII secolo, fra gli ebrei di Roma – un nucleo socialmente molto articolato, con punte marcate di ricchezza, ma anche di grave indigenza – l'occupazione prevalente era il commercio dei tessuti. Tra il XIII e il XIV secolo la comunità di Roma si segnalò sul piano culturale, esprimendo un cenacolo particolarmente fecondo di spiriti eruditi, dotati di una grande dimestichezza con il Talmùd. In questo cenacolo la personalità emergente fu quella di Immanuel di Salomon, più noto come Immanuel Romano (c.1270 - c.1330), contemporaneo e ammiratore di Dante, forse suo conoscente, poligrafo (in ebraico e in italiano) e autore di raccolte di poesie nelle quali l'uso della lingua ebraica riuscì a palesare una rinnovata vitalità.

Nel medioevo avanzato, fra gli ebrei di Roma non mancarono neppure alcune eminenti personalità di medici, che seppero farsi valere tanto da riuscire ad

Un medico ebreo visita i malati, miniatura da un codice del XV secolo col Canone di Avicenna, tradotto in ebraico. Accanto, dallo stesso codice, la farmacia e, in margine, varie illustrazioni con allusioni sanitarie.

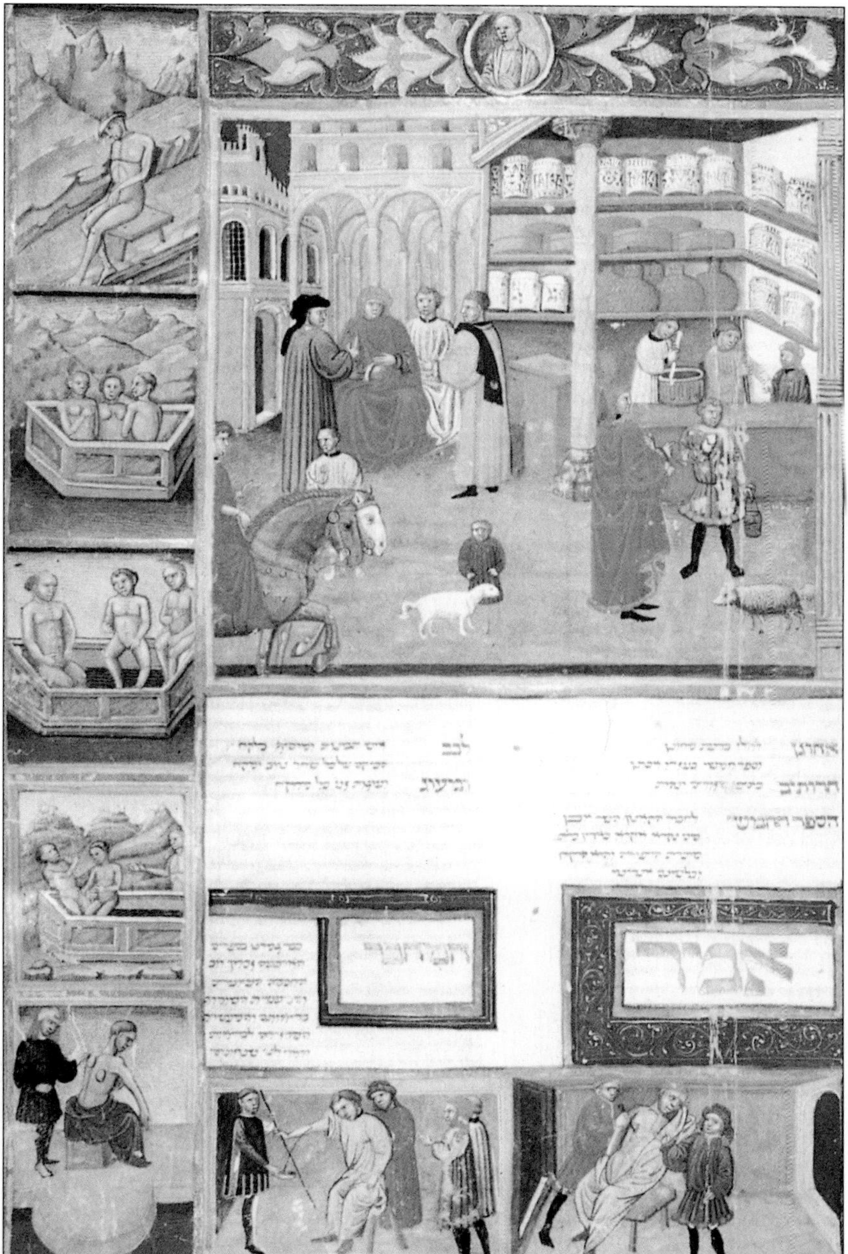

I rischi dell'ostia

La profanazione dell'ostia consacrata è uno dei gesti sacrileghi di cui di frequente furono incolpati gli ebrei. È significativo che un episodio del genere, avvenuto nel 1294 a Parigi, trovi spazio e illustrazione nella cronaca trecentesca fiorentina di Giovanni Villani: qui sopra la donna che consegna l'ostia all'ebreo.

assurgere ad alte funzioni di fiducia presso la suprema autorità papale. Tale fu il caso di Isaac ben Mordechai, comunemente detto maestro Gaio, che sul finire del XIII secolo fu il primo di una lunga serie di medici ebrei a essere nominato archiatra pontificio.

La cosa non deve stupire. Gli ebrei erano una minoranza, e la loro sicurezza dipendeva in larga misura dall'umore, e dalla disposizione a proteggerli, di chi esercitava il potere. Non era pertanto infrequente che i membri più abili delle comunità ebraiche intraprendessero carriere che li abilitassero a rendersi utili presso i maggiorenti delle collettività ospitanti: e fra gli ebrei dispersi, non solo nel mondo cristiano ma anche in quello islamico, la medicina fu una delle scelte più diffuse. I medici ebrei erano ovunque i benvenuti, salvo in occasione delle vampate di fanatismo religioso, quando preti e predicatori esaltati incutevano paura ai potenti, accusando i "perfidi giudei" di veneficio.

La storia medioevale offre abbondanti testimonianze di buone relazioni individuali e di fiducia reciproca tra ebrei e cristiani. E sarebbe in ogni caso un errore parlare di un atteggiamento cristiano monolitico. Più che alla politica ufficiale della Chiesa, espressa dai concili e dai documenti papali, la brutalità che nel tardo medioevo si abbatté su questo o su quel nucleo ebraico fu dovuta principalmente allo zelo di esponenti del clero locale, monastico o secolare.

All'inizio del XIII secolo il canonico spagnolo Domenico di Guzmàn (c.1170-1221) fondò nella Francia meridionale un ordine di predicatori mendicanti. Dapprima i domenicani si occuparono di combattere prevalentemente l'eresia degli albigesi; ma poi, mediante "missioni" organizzate nelle città, si diedero a fare proseliti fra i peccatori, gli eterodossi e, non ultimi, gli ebrei. Il più importante dei centri superiori per la qualificazione dei frati nel XIII secolo fu lo studio teologico annesso all'università di Parigi, in cui insegnarono Alberto Magno e Tommaso d'Aquino. Nel 1232 i domenicani ottennero dal papa l'incarico dell'Inquisizione per l'Italia, la

Spagna e il Portogallo, e già nel 1236 riuscirono a convincere il pontefice Gregorio IX a condannare il Talmùd, per il suo carattere "blasfemo" e "sacrilego". Era loro convinzione che il rifiuto "ostinato" opposto ai loro argomenti dagli ebrei fosse dovuto soprattutto all'influenza della letteratura perniciosa cui essi attingevano. I domenicani ottennero pertanto l'autorizzazione a ricercare libri ebraici, a censurarli e, quando ne vedessero l'opportunità, a bruciarli. Seppero sbrigare il loro compito con tale meticolosa ferocia che in un secolo di lavoro ridussero la cultura ebraica nell'Occidente latino a uno stadio molto vicino all'estinzione.

Paradossalmente, nei territori sottoposti al loro diretto controllo politico i papi medioevali si opposero di norma a ogni eccesso persecutorio nei confronti delle "loro" comunità ebraiche. Cosicché anche il XIV secolo poté essere per gli ebrei di Roma un secolo fecondo di esiti in campo letterario, nella trascrizione e traduzione dei codici, nella speculazione filosofica e nelle scienze mediche. Tuttavia l'esilio del papato ad Avignone (1308-1377), i sommovimenti popolari culminati nelle fallite restaurazioni repubblicane propugnate da Cola di Rienzo (1347 e 1354), i gravi turbamenti del mondo cattolico diviso e il conseguente Scisma d'Occidente (1378-1417) produssero un sensibile degrado della qualità della vita a Roma, inducendo un certo numero di famiglie ebraiche – probabilmente quelle più facoltose – ad abbandonare la città.

Coloro che allora lasciarono l'Urbe diedero luogo a una corrente migratoria di prestatori di denaro su pegno che, attraverso tappe e stanziamenti in varie città e località minori dell'Umbria, della Toscana, delle Marche e, al di là dell'Appennino, dell'Emilia-Romagna, raggiunse verso la fine del XIV secolo gli estremi lembi settentrionali della Penisola, dove s'incontrò con altre due correnti minori: l'una che andava penetrando nella Lombardia e nel Veneto dai Paesi di lingua tedesca (dai quali gli ebrei venivano sistematicamente banditi a seguito delle crocia-

I rischi dell'ostia

Nella predella urbinate del "Miracolo della profanazione dell'ostia" di Paolo Uccello (sopra, il particolare della donna che vende l'ostia consacrata al mercante ebreo), il miracolo risiede nel fatto che l'ostia, messa a bruciare dai sacrileghi, sanguina. Nel non irrealistico racconto pittorico, la famiglia dell'ebreo finisce al rogo.

"Hebrei de Alemania"

te e della "peste nera" del 1348); l'altra che entrò e in larga misura si stanziò nei territori piemontesi, in provenienza dalla Francia (in seguito alle espulsioni decretate nel 1306 e nel 1394). Dal punto di vista del rito sinagogale, le tre correnti si mantennero separate: donde il rito francese o provenzale, persistito a lungo in alcune comunità piemontesi; il rito tedesco o aschenazita; e infine il rito italiano o romano, più diffuso d'ogni altro. Le comunità ebraiche che ancora all'inizio del nostro secolo erano presenti in numerose località grandi e piccole dell'Italia settentrionale e centrale traevano per lo più la loro origine dalla fusione di queste correnti, cui venne ad aggiungersi nel XVI secolo una quarta ondata di fuggiaschi di rito sefardita (formata cioè da ebrei espulsi dalla Spagna e dal Portogallo con i bandi decretati rispettivamente nel 1492 e nel 1497).

Naturalmente l'accoglienza riservata agli ebrei risultava più ostica in quelle località in cui le corporazioni delle arti e dei mestieri, o i gruppi mercantili cristiani, godevano di forte influenza. Così alcune città – le maggiori fra le quali erano Genova e Milano – opposero a lungo ferrei divieti all'accesso di ebrei. Altre, come Firenze e Venezia, concessero loro di entrarvi relativamente tardi e dopo varie tergiversazioni. A Firenze furono introdotti solo nel 1427, a Venezia nel 1509 (anche se, di fatto, già nei due secoli precedenti, i capi della Serenissima avevano consentito a famiglie di prestatori italiani e tedeschi di operare nella città lagunare per periodi più o meno lunghi).

"Was Welt ier geben", cosa dà qui il mondo, si chiede il mercante ebreo di origine tedesca a Padova, in questa immagine dei *Diversarum nationum habitus* di Pietro Bertelli (Padova, 1594).

La prima città nella quale la corrente dei prestatori in provenienza da Roma incontrò banchieri ebrei oriundi dalla Germania fu Padova, dove nel 1369 figuravano attivi un Daniele di Samuele, rappresentante di una società costituita per il commercio e il prestito, e un Leone fu Consiglio da Perugia, che teneva banco contemporaneamente anche a Lonigo, nel vicentino. Nello scorcio del XIV secolo altre agenzie di prestito videro la luce a Padova, a Este e a Montagnana per iniziativa di ebrei provenienti da

Roma, da Rimini, da Ancona e da Fermo; ma nel 1408 risultava abitare a Padova anche un Dattilo di Germania e nel 1432, fra i proprietari di banchi, due erano sicuramente "hebrei de Alemania".

Il permesso che gli ebrei dovevano chiedere al signore di una città, o a un comune, per esercitarvi il prestito a interesse, veniva concesso nei termini di un contratto che stabiliva essenzialmente una serie di clausole patrimoniali e finanziarie, nonché le scadenze temporali del rapporto. Tale contratto andava sotto il nome di "condotta", nel senso che l'autorità locale intenzionata a offrire ai sudditi i servizi di un banco ebraico "conduceva" nel territorio cittadino un prestatore ebreo. Il punto nodale della convenzione risiedeva ovviamente nella definizione del saggio di interesse, che poteva oscillare tra il 15 e il 30 per cento, ma normalmente si attestava attorno al 20 per cento; e poiché questo tasso era inferiore a quello

"Hebrei de Alemania"

L'interno della Scuola grande tedesca. Iniziata nel 1528, dono di Josef e Samuel Matatià, è la più antica delle sinagoghe veneziane.

La fortezza assediata

praticato in media dai banchieri cristiani, per diverso tempo il prestito ebraico ebbe l'opportunità di svilupparsi in modo apprezzabile.

La diffusione capillare e il relativo successo dei banchi ebraici suscitarono tuttavia la reazione ostile di stuoli di religiosi animati da zelo e impazienza: in particolare, dei frati minori dell'ordine francescano, promotori di campagne di propaganda antigiudaica condotte sul tema dell'indigenza delle masse popolari. Questi instancabili predicatori attribuivano tale piaga sociale all'ingordigia del prestito ebraico, chiamando in causa anche quei reggitori della cosa pubblica che, irretiti e corrotti dalle ricchezze dei giudei, avrebbero ammesso per propri fini di lucro la presenza di subdoli infedeli nelle città cristiane, lasciando esposto il popolo alle spoliazioni e alle angherie di prestatori privi di scrupoli. A questa propaganda virulenta, capziosa e sistematica i francescani affiancarono anche vere e proprie azioni di boicottaggio, istituendo "Monti di pietà" per battere la concorrenza degli ebrei, costringerli a ritirarsi dagli affari e promuovere la loro espulsione.

Il "Fortalitium fidei", la fortezza della fede (cristiana), con davanti vescovi e abati imploranti, nella miniatura di un testo polemico antiebraico del XV secolo, è assediata da ebrei armati di truculento ceffo: ad alcuni una benda sugli occhi toglie la "luce", uno la "Legge" tiene in catene.

In una pleiade di frati itineranti che spargevano il terrore fra gli ebrei – diffondendo fra i cristiani, specialmente presso gli strati sociali inferiori, tipi di devozione improntati al più stravagante misticismo – le personalità più note furono quelle di Bernardino da Siena (1380-1444), Giacomo della Marca (1391-1476), Giovanni da Capistrano (1386-1456) e Bernardino da Feltre (1439-1494). Nelle loro prediche, ogni qualvolta menzionavano gli ebrei facevano abuso delle più velenose associazioni d'idee: in particolare insistevano sull'immagine del sangue succhiato dagli usurai ebrei, per associarla a quella del sangue del Cristo e alla vieta accusa antigiudaica dell'omicidio rituale e della profanazione dell'ostia.

La presenza di Bernardino da Feltre a Trento portò all'accusa, mossa nel 1475 contro gli ebrei locali, d'avere trucidato il piccolo Simone, di due anni, per la celebrazione della loro Pasqua. Nel tumulto che ne seguì l'intiera comunità ebraica, che contava allora poco più d'una trentina di persone, fu arrestata; molti dei suoi membri furono torturati e messi a morte, gli altri espulsi. Bernardino da Feltre, non pago del pogrom che aveva scatenato a Trento con la sua funesta predicazione, promosse dieci anni dopo un'identica cruenta superstizione attorno alla figura del "beato" Lorenzino da Marostica, «martirizzato e ucciso dai perfidi giudei il venerdì santo del 1485 a dispregio della fede cristiana»; e così poté menare vanto d'avere causato anche l'espulsione,

Violenza alla fede

Predica di Giovanni da Capistrano, particolare di una tavoletta di Sebastiano di Cola da Casentino. In basso, ebrei costretti ad ascoltare una predica per la loro conversione, in una stampa ottocentesca. A Roma prima di queste prediche era obbligatoria l'ispezione alle orecchie: nessuno vi si sottraesse tappandosele.

Violenza alla fede

nel 1486, delle comunità ebraiche stanziate a Vicenza e nel vicentino.

Sul finire del medioevo europeo – il medioevo per gli ebrei non terminerà se non negli ultimi decenni del XVIII secolo – proprio quando il Rinascimento e la Riforma andavano gettando in Europa le basi del pluralismo religioso e nazionale, le comunità ebraiche erano destinate a sperimentare un progressivo indurimento della loro condizione. Oltre che alle agitazioni persecutorie di attivissime confraternite di religiosi integralisti, la sorte degli ebrei parve viepiù esposta all'ostilità concorrenziale di potenti gilde di banchieri e artigiani cristiani. Tale peggioramento, tuttavia, non fu uniforme. La straordinaria frammentazione dello scenario politico italiano consentì a più d'una fra le autorità secolari di resistere a pressioni e sollecitazioni di varia natura, evitando di dare esecuzione a provvedimenti d'espulsione degli ebrei.

In tal modo, nuclei ebraici poterono risiedere ininterrottamente, dal XV al XVIII secolo, nei territori del Ducato di Mantova (che dal 1559 al 1627 comprendevano anche il Monferrato), nel Ducato di Parma Piacenza e Guastalla (con l'esclusione dei due capoluoghi a partire dall'ultima decade del XV secolo),

Miniatura del XIII secolo allusiva a una terribile leggenda antiebraica. Un bambino ebreo, convinto da un amico cristiano, assiste alla messa e si comunica; al ritorno a casa, il padre lo chiude in un forno rovente; resta illeso per la protezione della Vergine.

nel Ducato di Modena, nel Piemonte, nella Repubblica veneta, nei Ducati di Ferrara e di Urbino, sia prima che dopo le devoluzioni degli stessi alla Chiesa (1597 e 1632), nel Granducato di Toscana e nello Stato pontificio (sia pure con l'obbligo per gli ebrei di concentrarsi nelle sole città di Roma e Ancona a partire dal 1569). Per contro, gli ebrei furono cacciati dalla Sicilia e dalla Sardegna nel 1492-93, dalla Puglia e dalla Calabria nel 1510, dalle altre terre del Regno di Napoli nel 1541, dalla Repubblica di Lucca nel 1572, dal Ducato di Milano nel 1597. Nelle città di Milano e Napoli, modesti nuclei ebraici si ricostituiranno soltanto attorno alla metà del XIX secolo.

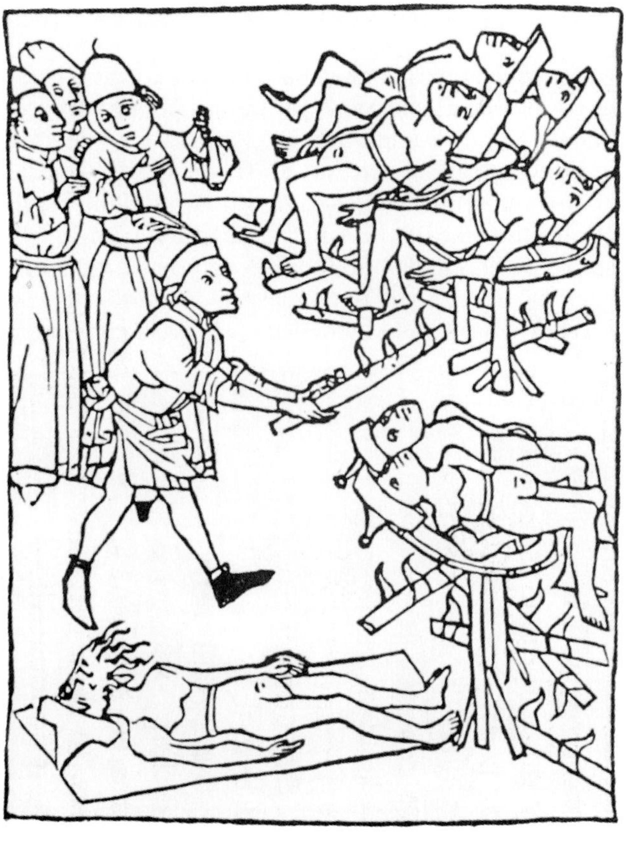

Torture di ebrei per ottenerne la confessione dell'omicidio rituale di Simonino, a Trento nel 1475. Un secolo dopo (1575) il cronista Josef ben Jehoshua ha-Coen invoca che il Signore rimuova «il velo della cecità dagli occhi di coloro che hanno il cuore incirconciso, che prestano fede a queste falsità e danno loro il marchio della verità». E continua: «a causa di simili menzogne noi siamo ogni giorno massacrati e condotti allo sterminio» . Tredici anni più tardi Simonino fu beatificato; l'accusa di omicidio rituale del beato Simonino fu ritrattata nel 1965.

5

Le contraddizioni dell'età moderna

Chi guarda ai rapporti tra uomini di cultura cristiani ed ebrei nel contesto del Rinascimento italiano, tende a sottolineare il clima di tolleranza e la circolazione di libri e idee; chi invece si interessa di più alle misure di controllo e di discriminazione, dipinge una situazione assai meno rosea. Nell'età della Riforma protestante e della Controriforma cattolica, l'Europa cristiana fu spesso percorsa da ventate di aggressività antiebraica, che ben presto si tradussero in radicali peggioramenti della condizione degli ebrei.

In Spagna, nel 1478, le Maestà cattoliche Isabella di Castiglia e Ferdinando d'Aragona, preoccupate di estirpare qualunque eresia e desiderose di chiudere definitivamente la partita con i musulmani e gli ebrei – che, in quanto nemici della fede, impedivano l'unificazione della nazione – istituirono la Santa Inquisizione come strumento inteso, appunto, a integrare le genti spagnole attorno al Trono e alla Chiesa. Pochi anni più tardi, l'editto di espulsione degli ebrei, che Ferdinando e Isabella firmarono il 31 marzo 1492, mirava a difendere da nocive influenze ebraiche le centinaia di migliaia di *cristianos nuevos*, o *conversos* o, come li chiamava spregiativamente la

L'intolleranza religiosa si rinserrò progressivamente sugli ebrei di Spagna, i sefarditi, nel XIII e nel XIV secolo; divennero ricordo sempre più lontano la libertà, la prosperità e il fulgore di cultura, cresciuti dall'VIII al XII secolo, e la situazione precipitò nelle crisi antiebraiche del 1366 e del 1391, in cui molte migliaia furono i massacrati. La ben nota espulsione, che avvenne nel 1492, coinvolse anche gli ebrei di Sicilia e Sardegna, domini della corona di Aragona.

Sefarad abbandonata

plebaglia, *marranos* ("porci"), che avevano lasciato l'ebraismo durante e dopo le persecuzioni del 1391, quando intere comunità ebraiche erano state massacrate nella Spagna cristiana e le masse terrorizzate avevano chiesto il battesimo per avere salva la vita sotto l'ala protettrice della Chiesa.

Due secoli prima, per contro, il re Ferdinando III di Castiglia (1217-1252) si era opposto a lasciar operare nei suoi territori l'Inquisizione papale. Nel regno, sosteneva, non c'erano eretici. Ma andava anche oltre, poiché osava persino proclamarsi "re delle tre religioni": la cristiana, l'ebraica e la musulmana. Ed effettivamente, per buona parte del medioevo la Spagna era stata il Paese più tollerante d'Europa. Cristiani, musulmani ed ebrei erano vissuti a lungo fianco a fianco in pace, e talvolta nella più stretta amicizia. Pochi erano gli alti dignitari della Chiesa, e poche le famiglie dell'aristocrazia nelle cui vene non scorresse un po' di sangue ebraico o moro.

Dal IX al XIII secolo, in particolare sotto la dominazione dei mori, l'ebraismo spagnolo aveva conosciuto una stagione d'oro, di cui conservò l'eredità – pur attraverso le vicissitudini della *reconquista* cristiana – fino alla grande definitiva espulsione del 1492. L'importanza delle posizioni nella sfera sociale,

«Sembravano degli spettri: pallidi, emaciati, con gli occhi stralunati; li avresti detti dei morti se ogni tanto non avessero fatto un movimento. Molti morirono sul molo...»: è la testimonianza di un cronista genovese sulla partenza degli ebrei cacciati di Spagna nel 1492. Qui accanto, due delle caravelle che portarono i sefarditi a Napoli, nella pagina di una cronaca locale della fine del XV secolo.

La miniatura

Astronomi con i loro strumenti, miniatura di un codice ebraico. Delle migliaia di codici ebraici, eseguiti in Italia tra il XIII e il XVI secolo, gli oltre 4000 esemplari, che hanno avuto la ventura di salvarsi e che sono tesoro di alcune illustri biblioteche, danno significativa testimonianza della cultura di certi strati delle comunità italiane.

politica ed economica, e delle espressioni intellettuali, scientifiche e artistiche che l'ebraismo iberico produsse in quei secoli non trova riscontro nella storia. Nacque in tal modo, in Spagna e nel vicino Portogallo, un tipo particolare di vita ebraica, con forme peculiari di espressione religiosa (il rito sefardita), una lingua parlata (il ladino o judezmo, un misto di castigliano o portoghese ed ebraico), e tutta un'eredità culturale che le comunità che abitavano *Sefarad*, cioè l'Occidente mediterraneo europeo – e che dopo la cacciata del 1492 si stabilirono nell'Impero ottomano, nell'Africa del nord, in Olanda, in Inghilterra, in Francia, oltre Atlantico e, in misura inferiore, anche in Italia – conservano in parte ancora oggi.

La dispersione degli ebrei sefarditi costituì una delle più grandi tragedie nella storia del popolo ebraico. In molti casi, tuttavia, quelli che lasciarono allora la penisola iberica (circa 200 mila persone) non ebbero sorte peggiore di coloro – i "nuovi cristiani" – che restarono nelle terre di antico insediamento. I più fra questi, avendo subito il trauma di una conversione coatta, svilupparono un cripto-giudaismo tenace, difficile da cogliere nei suoi specifici contenuti religiosi, e tale perciò da suscitare sospetto presso i vecchi cristiani: un sospetto che condusse spesso i convertiti a subire le persecuzioni dell'Inquisizione. Cosicché, dopo la prima grande ondata migratoria degli ebrei che erano rimasti tali, altre numerose ne seguirono. Ancora per più di duecento anni, in uno stillicidio di fughe, uscirono dai domini

spagnoli e portoghesi migliaia di convertiti al cattolicesimo, discendenti da ebrei, che il mondo conobbe come "marrani".

Giungono in Italia gli ebrei cacciati dalla Spagna

La nuova presenza di ebrei in fuga dalla penisola iberica non mancò d'essere avvertita anche in Italia. Innanzitutto, l'editto d'espulsione trovò immediata applicazione in Sicilia e in Sardegna, che erano territori sotto diretto dominio spagnolo. Particolarmente dolorosa e umiliante fu la migrazione della grande e gloriosa comunità ebraica di Sicilia, costretta all'esodo dopo oltre quindici secoli di felice residenza e di civilissima convivenza con le popolazioni isolane. Nelle altre regioni della penisola, non solo continuavano a sopravvivere, sia pure in condizioni di precarietà crescente, numerosi nuclei ebraici, ma addirittura ne nacquero di nuovi, alimentati proprio dall'arrivo degli esiliati dalla Spagna e dal Portogallo. Tipico, a questo riguardo, il costituirsi a Livorno di un importante insediamento di ebrei sefarditi, i cui primi arrivi (grazie al personale interessamento,pare, di Lorenzo il Magnifico) si registrarono sin dal 1492.

Ebrei spagnoli erano presenti a Venezia, sia pure in esigua quantità, già agli inizi del XV secolo; dall'inizio del secolo successivo, accanto ai preesistenti modesti nuclei di ebrei tedeschi e italiani, andarono prosperando due comunità di ebrei sefarditi: quella levantina, formata principalmente di ebrei originari della Spagna vissuti o nati nel Levante turco, tornati in Occidente anche per le peggiorate condizioni economiche dell'Impero ottomano, e quella ponentina, formata di marrani portoghesi tornati all'ebraismo. Per lunghi anni, fino alla metà del XVII secolo, la grande comunità sefardita di Venezia godette di un incontestato primato fra le comunità sefardite in Italia e, probabilmente, in Europa.

«A Ferrara», così annotava Abramo Pesaro nelle sue *Memorie storiche sulla Comunità Israelitica ferrarese* (1878), «per le crudeli e dissennate espulsioni

La tipografia

La Bibbia ebraica, pubblicata nella sua interezza, a Soncino nel 1488, da Joshua Salomon Soncino; "editio princeps", era esaurita tre anni dopo. Alla stamperia dei Soncino, prima nella stessa Soncino, poi in altre città, si deve poco meno della metà del centinaio di opere ebraiche stampate in Italia prima dell'anno 1500 (nel resto dell'Europa non furono, nelle stesso periodo, più di una quarantina).

Gli ebrei di Mantova

Il medaglione che ritrae Abraham Emanuel Norsa, banchiere (1557). Accanto, le cerimonie del Séder ("ordine"), il banchetto della prima sera della Pasqua ebraica, illustrazione dell'edizione mantovana della *Haggadah*, 1550 (La *Haggadah* è un testo antologico sull'uscita degli ebrei dall'Egitto, che si legge appunto la sera del Séder).

Vicende della condizione di ebreo: la famiglia Norsa col "segno", in un quadro in Sant'Andrea a Mantova che ricorda la dedicazione della chiesa di Santa Maria della Vittoria. La "vittoria" è quella, supposta, nella battaglia di Fornovo in cui Francesco Gonzaga era capitano generale. Daniel Norsa dovette pagare il noto quadro del Mantegna e, per far posto alla chiesa, ebbe abbattuta la sua casa, "espiazione" per averne rimossa, col permesso a pagamento del vescovo, un'immagine sacra.

degli Ebrei dalla Spagna e dal Portogallo, un buon numero di loro cercò...un benefico rifugio, e ve l'ebbe per la mitezza del Governo Estense, patrocinatore del libero esercizio del culto Giudaico, e per la bontà della popolazione». Già nel 1492 il duca Ercole I (1431-1505) aveva invitato a stabilirsi in città ventuno famiglie di profughi spagnoli sbarcate a Genova. Ercole II (1508-59), figlio di Alfonso I e di Lucrezia Borgia, seguì l'esempio dell'avo invitando a Ferrara gli ebrei spagnoli cacciati dal regno di Napoli nel 1541 (aveva rivolto un analogo invito l'anno precedente agli ebrei del Ducato di Milano che, appunto sotto il dominio degli spagnoli, cominciavano a essere perseguitati). Nel 1553 promise immunità da persecuzione ai marrani portoghesi che fossero tornati all'ebraismo nel suo ducato. Anche marrani perseguitati ad Ancona dal papa Paolo IV (1555-1559) trovarono rifugio a Ferrara. Sotto la protezione dei

Kethubàh e nozze

duchi d'Este, insomma, il nucleo degli ispano-portoghesi poté fruire per vari decenni di una residenza serena e opulenta, con una fioritura culturale notevolissima; e crebbe tanto che, attorno alla metà del Cinquecento, la comunità ferrarese (comprendente ebrei di diverse provenienze, e che quindi, sul piano del culto, seguivano riti distinti) oltrepassò le duemila unità. Ma la parabola della comunità di Ferrara, che aveva raggiunto l'acme alla metà del XVI secolo, iniziò la fase discendente quando il duca Alfonso II (1533-1597), sottomettendosi alle imposizioni del Santo Uffizio, consegnò agli inquisitori tre marrani ferraresi che salirono sul rogo a Roma nel 1581, e altri ne imprigionò per lo stesso reato di eresia. Insomma, il periodo d'oro di quella comunità finì nel 1597 quando il Ducato, terminata la discendenza diretta degli Estensi, fu assorbito dallo Stato della Chiesa.

Una valutazione complessiva della politica della Chiesa nei confronti dei fuggiaschi sefarditi non è facile da formulare; il fatto è che, specialmente nel XVI secolo, la saggezza o la follia d'un singolo reggitore di Stato poteva avere talvolta un'importanza decisiva nel determinare il corso degli eventi. Profughi dalla Spagna si erano stabiliti nella stessa

Lo sposalizio, da una serie di stampe veneziane del XVIII secolo sui momenti della vita privata nelle comunità ebraiche. Nella pagina accanto, contratto di matrimonio (kethubàh) veneziano con la data 5 dicembre 1704. Scritto su rotolo di pergamena e decorato, stabiliva gli obblighi patrimoniali e di reciproca assistenza degli sposi e veniva letto nella cerimonia nuziale. Per remota e indecifrata consuetudine si sceglieva per il matrimonio il mercoledì o il venerdì se la promessa era nubile, il giovedì, invece, se vedova.

בסימנא טבא ובמזלא מעליא

Roma già nel 1492, accolti con liberalità sorprendente dal pontefice Alessandro VI Borgia (1492-1503), un aristocratico spagnolo circondato da stuoli di dignitari essi stessi spagnoli. Anche i pontefici successivi, Giulio II (1503-1513), Leone X (1513-1521) e Clemente VII (1523-1534) mantennero verso i sefarditi un atteggiamento benevolo, al di là delle profonde lacerazioni interne e delle gravi difficoltà di gestione manifestatesi entro la stessa comunità ebraica di Roma in seguito all'afflusso massiccio di ebrei spagnoli (cui tennero dietro, in successive ondate, gruppi di ebrei siciliani, sardi, portoghesi, napoletani e un consistente nucleo di profughi tripolini). Ma sotto i pontificati di Paolo III (1534-1545) e di Giulio III (1550-1555) la situazione della collettività romana, e delle altre comunità sparse nello Stato pontificio e generalmente in Italia, peggiorò per un irrigidimento della posizione della Chiesa cattolica nei confronti degli ebrei.

La sinagoga di Carmagnola, in Piemonte, con l'arca per i rotoli della Toràh a sinistra e il pulpito per la lettura delle preghiere e le prediche del rabbino in primo piano.

Durante il papato di Paolo III fu fondata la Compagnia di Gesù (1540), fu istituita l'Inquisizione a Roma sotto il nome di Santo Uffizio (1542), fu convocato nel 1542 il Concilio di Trento (che ebbe effettivo inizio nel 1545); e in particolare, con la bolla *Cupientes Judaeos* (1542), fu definito il progetto di far convertire gli ebrei alla religione cattolica, predisponendo a tal fine gli strumenti più idonei: occorreva che cessasse la pratica di confiscare i beni degli ebrei convertiti; costoro, inoltre, dovevano vivere isolati dai loro antichi correligionari; dovevano acquistare i diritti di cittadinanza propri dei cristiani; dovevano essere spinti a sposarsi con cristiani di nascita. Un'altra bolla (*Illius qui*) del 19 febbraio 1543 erigeva in Roma una Casa dei catecumeni per istruirvi nella religione cattolica gli ebrei che chiedevano il battesimo. Giulio III, per parte sua, impose alle sinagoghe dello Stato pontificio una tassa per il mantenimento della Casa dei catecumeni, e ordinò

La sinagoga di Pesaro. Nel 1554, il papa Giulio III impose una tassa di dieci ducati d'oro per ogni sinagoga. Negli stati pontifici risultarono esservene centoquindici, trentaquattro di esse nelle Marche.

di dare alle fiamme (a Roma, in Campo de' Fiori durante il Capodanno ebraico del 1553, e successivamente negli altri Stati italiani) i volumi del Talmùd sequestrati agli ebrei.

Nel maggio del 1555 il cardinale Gian Pietro Carafa (1476-1559), grande inquisitore e flagello degli ebrei e degli eretici, divenne papa con il nome di Paolo IV, e immediatamente diede enfasi alla necessità di accelerare e ampliare il processo di conversione degli ebrei al cattolicesimo. Quand'era ancora cardinale, non aveva fatto mistero della propria opinione sui marrani portoghesi – in tutto un centinaio di famiglie – che alla fine degli anni Quaranta si erano stabiliti ad Ancona tornando a professare apertamente l'ebraismo: fosse dipeso da lui, li avrebbe fatti bruciare vivi, così almeno risulta dal rapporto d'un ambasciatore presso la Santa Sede. Appena salito al soglio di Pietro, mantenne la parola: dopo avere fatto confiscare i beni dell'intiera collettività marrana, fece consegnare al braccio secolare quanti non erano riusciti a fuggire in tempo (ventiquattro uomini e una donna), che furono strangolati e gettati alle

Sinagoga a Ferrara. Nelle sinagoghe italiane è stato costume che sull'architrave d'ingresso si lasciassero alcune pietre non intonacate né toccate da decorazione; un'iscrizione le diceva poste "a ricordo della distruzione del Tempio" (di Gerusalemme).

fiamme in una serie di autodafé celebrati pubblicamente ad Ancona tra l'aprile e il giugno 1556.

Ancor più degli ebrei che, in quanto tali, non potevano essere accusati di eresia e cadere quindi sotto la giurisdizione diretta dell'Inquisizione, i nuclei di marrani erano esposti, nel clima greve della Controriforma, a subire un po' ovunque manifestazioni di ostilità e di sospetto. Tagliati fuori dalla disciplina dell'ortodossia giudaica, questi convertiti a forza e i loro discendenti venivano considerati – per una loro presunta disponibilità ad abbracciare qualsiasi credo – dei potenziali portatori di idee eversive; e in ogni caso, in considerazione della loro disinvolta mobilità e della notevolissima intraprendenza economica, passavano per essere un elemento socialmente turbativo.

D'altra parte, al di là della sporadica elaborazione di bizzarre miscele di credenze cristiane ed ebraiche, molti fra i profughi dalla penisola iberica, marrani ed ebrei, reagirono alla tragica calamità dell'esodo recuperando dalla tradizione ebraica alcuni motivi mistici e apocalittici, che favorirono il formarsi di un'accen-

Sinagoghe italiane

La sinagoga di Conegliano Veneto, di cui si vede qui accanto l'interno con lo scrigno della Toràh, è ora nel grande museo di Gerusalemme. Anche suppellettili di altri templi italiani antichi, specie di centri la cui piccola popolazione ebrea è passata nelle città o è emigrata, sono state portate in Israele.

tuata sensibilità ai segni di una liberazione messianica, divenuta oggetto di un'aspirazione diffusa. Non a caso, nel corso del XVI secolo, nelle comunità ebraiche e attorno ad esse ripresero a circolare in gran numero manoscritti contenenti antologie cabalistiche, cioè passi del *Séfer ha-Zòhar* ("Libro dello splendore"), un'opera che, attribuita a Mosè de Leon e comparsa in Spagna verso la fine del XIII secolo, sotto forma di commento al Pentateuco racchiudeva le mistiche dottrine della Qabbalàh ("tradizione") intorno alle forze prime che governano l'universo e intorno alle misteriose connessioni dell'uomo con esse. Il sorgere della stampa ebraica favorì ulteriormente questa divulgazione. E così, da scienza esoterica insegnata all'interno di un'élite colta, nel giro di pochi decenni la Qabbalàh divenne di dominio pubblico, andando a mescolarsi con le superstizioni popolari e assumendo alcune delle caratteristiche di un movimento di massa. E poiché le espulsioni del 1492 venivano interpretate da molti come un mezzo per accelerare la redenzione d'Israele, cioè come le doglie del parto del Messia, per l'intiero XVI secolo

Capitello romano con l'iscrizione funeraria di Abramo Aschenazi, datata del 12 di Nissàn 5330 (18 marzo 1570); dal cimitero ebraico di Trastevere. A destra, stampa del '700 con gli ebrei che presentano il libro della Legge al nuovo pontefice; nello sfondo le muraglie del Colosseo. Nella pagina accanto, il ghetto romano in un'antica pianta della città.

e per buona parte del XVII furono frequentissime, soprattutto fra i marrani, le apparizioni di profeti, profetesse e falsi Messia (tipici i casi di David Reubenì e Salomon Molco nel Cinquecento, e di Sabbatài Zevì nella seconda metà del Seicento), che le masse degli esuli si affrettavano a osannare, salvo poi cadere nell'abisso della delusione.

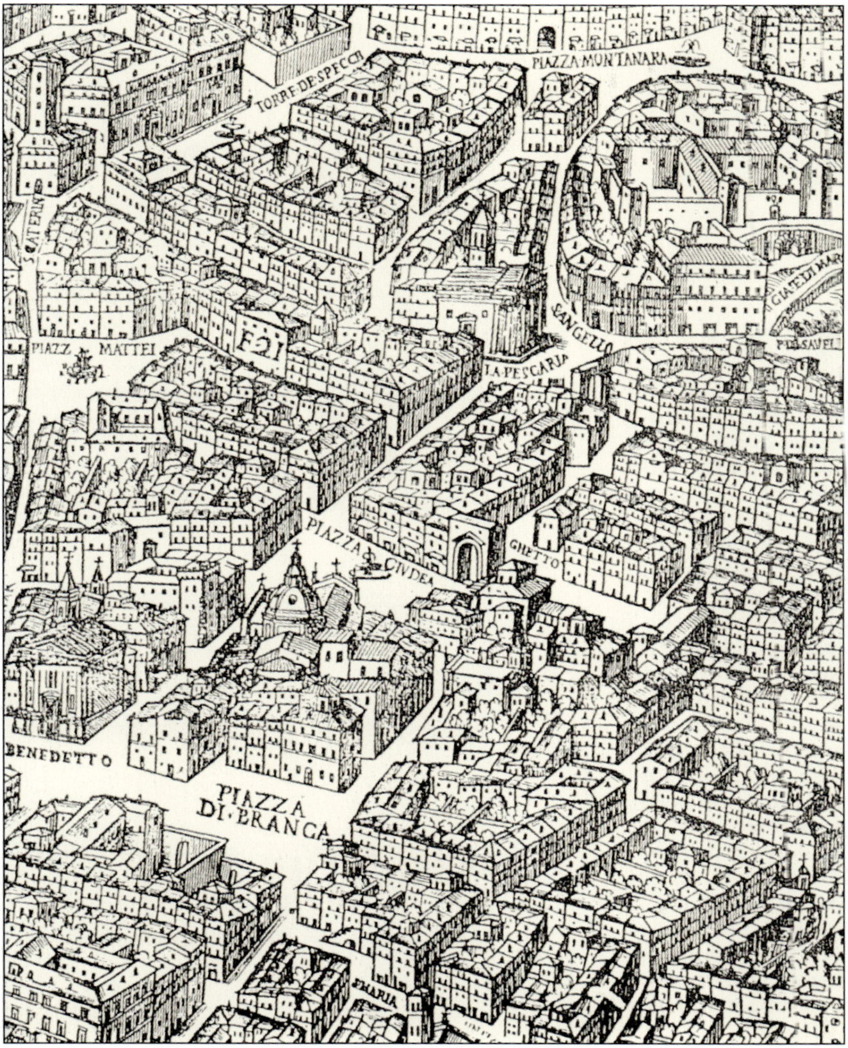

Il tempo dei ghetti

Quanto alla politica antiebraica del papa Paolo IV, essa raggiunse l'acme con la bolla *Cum nimis absurdum* promulgata il 14 luglio 1555: un documento che sul piano dottrinale poneva per la prima volta, quale esplicita condizione per la tolleranza degli ebrei, la loro conversione al cristianesimo, e sul terreno pratico sanciva che gli ebrei non ancora "pervenuti al vero lume della fede cattolica" vivessero reclusi in un quartiere isolato dai cristiani; non possedessero beni immobili (una restrizione del tutto

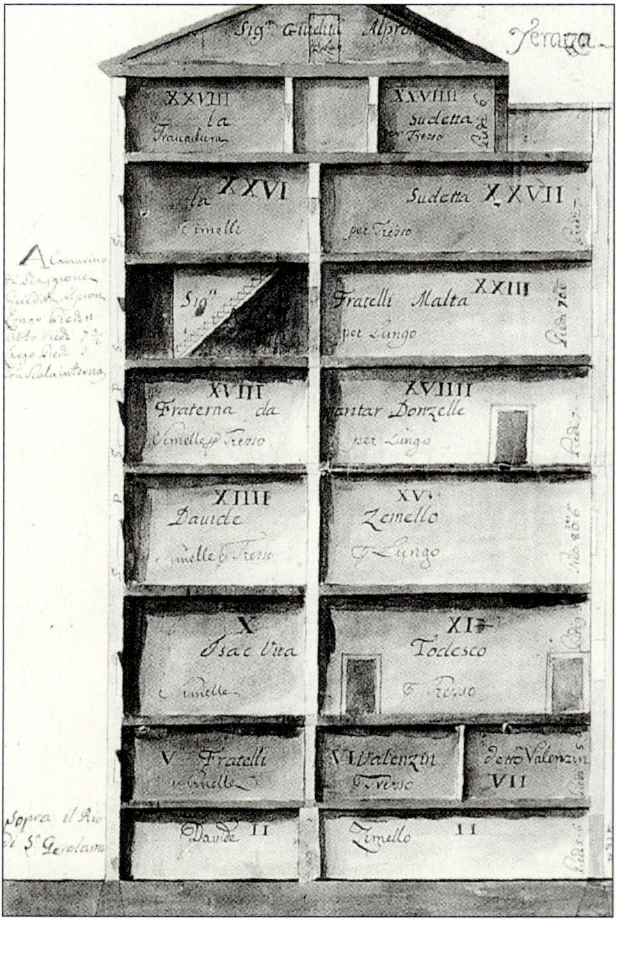

Sezione settecentesca di una casa di abitazione sul rio San Gerolamo nel Ghetto Nuovo di Venezia. Rispecchia uno dei problemi della comunità veneziana, quello dello spazio. Si dice in un documento di «otto e diese e alle volte molte più persone, quali stanno in un solo logo streti». La casa dell'illustrazione ha nove piani di alloggi, compreso il sottotetto (in cui, come si legge, abitava la signora Giudita Alpron).

ignota sia al diritto antico sia a quello medioevale), vendessero immediatamente quanti ne avessero in proprietà, e portassero il segno giallo, distintivo dell'infamia. Ciò significava l'istituzione del ghetto, ossia l'adozione da parte della Chiesa di una disposizione restrittiva che, a onor del vero, i reggitori veneziani avevano per la prima volta applicato nella città lagunare già quarant'anni prima, nel 1516. Gli ebrei di Roma furono trasferiti sulla sponda sinistra del Tevere e stipati nel tratto della città medioevale compreso fra Ponte Quattro Capi, il Portico d'Ottavia, piazza "Giudìa" e il fiume: chiusi dunque

Il ghetto di Venezia

L'area del futuro ghetto nella veduta di Venezia di Jacopo de Barbari, 1500.

Il ghetto di Venezia

in un recinto, il cosidetto "serraglio degli ebrei", attrezzato con una sola porta d'entrata e una sola uscita da chiudersi al tramonto, ed entro il quale avrebbe dovuto trovare posto un'unica sinagoga. L'obbligo per gli ebrei di abitare nel ghetto fu rapidamente esteso a tutte le località sotto la giurisdizione diretta della Chiesa.

L'atteggiamento dei papi successivi fu vario: in generale, le redini si allentavano ogni qual volta gli ebrei si trovavano in condizioni economiche misere, per poter dare loro la possibilità di riprendersi e di pagare i tributi all'erario pontificio; e si dava nuovamente uno strappo al morso quando le loro condizioni accennavano a migliorare. Vi furono, così, periodi nei quali la pressione divenne più aspra, come quando Gregorio XIII (1572-1585) istituì per gli ebrei di Roma le prediche conversionistiche – sermoni carichi di disprezzo e di insulti – da tenersi ogni settimana in una chiesa fissa (un obbligo ancora in pieno vigore alla fine degli anni Settanta del

Ebreo veneziano di origine levantina; a destra, in un acquarello del Grevembroch, gli ebrei in ghetto rendono omaggio e pagano la prebenda al capitano grande, capo della polizia. Nella pagina accanto, l'arca della Toràh della Scuola Cantòn, sinagoga di rito aschenazita del ghetto veneziano, iniziata nel 1532, secondo la data sul portale d'ingresso.

עד ליהושע משה למנחות אח נערך כשרה
יום לידתו יום לו נקשה בשנת לו דם רמו עשה לפני ה׳ קרבן אשה

Sedia di Elia, dalla sinagoga di Siena: è il seggio in onore del profeta Elia che secondo l'interpretazione rabbinica di alcuni passi biblici è presente, per buon augurio, a ogni circoncisione.

XVIII secolo); e periodi nei quali la pressione divenne più tenue: degno di memoria il quinquennio del papato di Sisto V (1585-1590), durante il quale agli ebrei di Roma venne concesso il diritto di applicarsi a ogni arte e mestiere; e a fronte di un sensibile incremento della popolazione (per immigrazione), il recinto del ghetto romano venne ampliato, vi si autorizzò l'istituzione di scuole e sinagoghe secondo il fabbisogno; fu concessa agli ebrei l'esenzione dal segno giallo sugli abiti. A ogni modo, rimase una costante della politica pontificia il ghettizzare gli ebrei e il premere sugli altri sovrani perché facessero altrettanto. Così il ghetto fu introdotto a Firenze e Siena nel 1571, a Mirandola nel 1602, a Padova nel 1603, a Verona nel 1604, a Mantova nel 1610, a Rovigo nel 1613, a Ferrara nel 1624, a Urbino, Pesaro e Senigallia nel 1634, a Modena nel 1638, a Este nel 1666; sotto i Savoia, gli ebrei di Torino entrarono nel ghetto nel 1679, quelli di Vercelli del 1724 e quelli delle altre località dello Stato piemontese tra il 1728 e il 1732.

Per descrivere le condizioni di vita nel ghetto di Roma attorno alla metà del XVII secolo, cioè circa cent'anni dopo la sua istituzione, bastano pochi dati. Entro il recinto, che aveva una superficie inferiore ai 3 ettari, si contavano 134 edifici, nei quali erano stipate circa 4500 persone, con una densità per ettaro di 1500 abitanti (superiore a quella delle odierne bidonville africane o sudamericane, nelle quali la densità media non supera le 1200 unità per ettaro). Buona parte dello spazio coperto disponibile era riservato a magazzini per le merci. Ciò comportava una drastica limitazione degli spazi destinati a usi abitativi, la cui distribuzione, in ogni caso, era tale da avvantaggiare i nuclei famigliari dotati di maggiore forza economica. In un dedalo di stradicole, di angiporti, di sordidi diverticoli si tenevano mercati permanenti, con teorie di bottegucce che esponevano abiti usati, o nelle quali – accanto alla sartoria, al commercio degli stracci o a quello degli amuleti – si esercitavano vari mestieri, dalla fabbricazione di guanti a quella dei bottoni, dei finimenti per cavalli, dei fiammiferi. La popolazione, sottoposta costantemente a un gravoso regime fiscale, comprendeva una ventina di prestatori di danaro, circa 180 tra commercianti e artigiani, e una pletora di indigenti, destinati a lavori precari o alla disoccupazione. L'annuale straripamento del Tevere trasformava il ghetto in una cloaca maleodorante, generatrice di epidemie.

Nonostante tutto ciò, è probabilmente corretto guardare alla parabola socioculturale dei ghetti come a una realtà con valenze multiple e densa di antinomie. Nati e gestiti quali strumenti di segregazione, di discriminazione e di oppressione, nel segno dell'intransigenza e dell'intolleranza verso i diversi, i ghetti costituirono anche sicuramente, per le generazioni di ebrei che vi consumarono l'esistenza, un incentivo al rafforzamento della vita comunitaria, uno stimolo vigoroso allo studio e alla conservazione della tradizione e dell'identità culturale ancestrale, basata essenzialmente sulla fedeltà alla Toràh. Ogni ghetto, inoltre, godette costantemente di una certa autonomia; esistevano organi amministrativi eletti liberamente; c'era una capillare organizzazione scolastica che consentiva di ridurre al minimo l'analfabetismo; l'attività tipografica era molto diffusa; c'erano numerosi sodalizi (a Mantova, per esempio, nel 1740 se ne contavano una ventina) che si interessavano delle più svariate attività: dallo studio della Legge all'assistenza ai malati, ai vecchi, alle vedove, agli orfani; dalla sepoltura dei defunti all'apprestamento di doti per le ragazze povere.

La "nazione ebrea" a Livorno, città senza ghetto

Fra i centri italiani importanti soltanto Livorno, città fondata e strettamente controllata dai Medici, non istituì mai il ghetto, consentendo agli ebrei di potervisi stabilire dalla fine del XVI secolo in condizioni di libertà civile e religiosa del tutto eccezionali. Dopo l'insediamento del primo consistente nucleo di

L'ebreo dipinto

L'ebreo, da un'opera di Sano di Pietro, pittore senese del XV secolo.

La circoncisione

ebrei e marrani iberici, che ebbe luogo alla fine del Cinquecento, la popolazione ebraica di Livorno fece registrare sino ai primi anni del XIX secolo un tasso di crescita notevolissimo, legato a un'imponente corrente migratoria. Questo fenomeno fu con tutta evidenza propiziato dai privilegi concessi dal granduca Ferdinando I (1587-1609) con Lettere patenti del 10 giugno 1593, note come la "Costituzione Livornina", che garantivano ai nuclei ebraici che avessero scelto di vivere e operare a Livorno un trattamento particolarmente allettante: libertà di religione e di culto, diritti dell'uomo, facilitazioni nel commercio e nell'attività professionale, autonomia amministrativa e giurisdizionale. Alla fine del XVI secolo, in nessun Paese dell'Occidente gli ebrei potevano godere di privilegi comparabili.

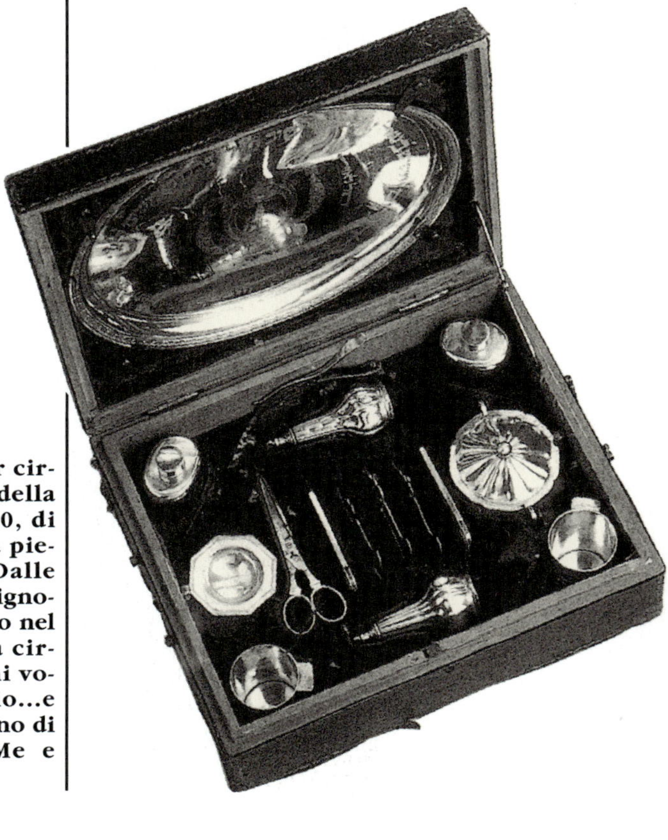

Servizio per circoncisione della fine del '700, di manifattura piemontese. Dalle parole del Signore ad Abramo nel Genesi: «sia circonciso ogni vostro maschio...e sarà per segno di patto tra Me e voi».

Naturalmente, non tutti i nuovi venuti trovarono a Livorno una sistemazione soddisfacente; e perciò diversi di loro ripresero le peregrinazioni. Fra i primi ebrei emigrati da Livorno di cui si abbia notizia v'è Salomon Machorro, nato ad Antequera in Spagna, portato a Pisa all'età di due anni da suo padre David Machorro, ed educato a Livorno. Nel 1629, all'età di vent'anni, s'imbarcò per la Nuova Spagna alla ricerca del padre scomparso. Arrivato al Messico, vi ottenne l'incarico di insegnare ebraismo alla piccola comunità dei marrani ivi residenti. In quell'anno 1629 la solennità di Yom Kippur (il "Giorno dell'Espiazione", dedicato alla riconciliazione di Dio con il popolo ebraico) fu celebrata al Messico nella data esatta e con dignità inusitata. Quando i marrani del Messico furono denunziati all'Inquisizione e arrestati nel 1641-1642, anche Salomon fu arrestato, e come «*rabino dogmatista y ebreo de nacion y religion*» fu torturato e finalmente riconciliato nel 1650 con trecento frustate e la condanna a remare nelle galere per otto anni, il che equivaleva a una condanna a morte. Nel 1654-1655 si trovava ancora nella prigione del Santo Uffizio del Messico.

Nella città di Livorno

Il "Tempio della Nazione Israelitica della città di Livorno", in una stampa ottocentesca. A Livorno, tutte le "nazioni" di immigrati godevano di libertà religiosa. La colta comunità mercantile degli ebrei diffuse le opere delle sue stamperie, redatte anche in italiano, spagnolo, portoghese, nel Mediterraneo e oltre.

6

L'emancipazione e le conseguenze della parità

«In nome della Repubblica Francese – Il Commissario del Direttorio Esecutivo presso l'Armata d'Italia – Considerando che i principi della Repubblica Francese respingono le distinzioni le quali tendono a stabilire queste differenze tra li cittadini – Decreta che li Ebrei in Ferrara ci goderanno li medesimi diritti che gli altri Cittadini di Questa Legazione – Dà l'incombenza all'Agente militare di invigilare all'esecuzione del presente Decreto – Dato in Bologna li 16 Fruttidor dell'Anno Quarto (1796) della Repubblica Francese».

Se si prescinde dalle timide ed effimere riforme proposte nel maggio 1781 dall'imperatore Giuseppe II d'Austria (1741-1790) per migliorare le condizioni economico-sociali e culturali delle comunità ebraiche nel Ducato di Mantova, a Gorizia e Gradisca e a Trieste, i primi tentativi in Italia di parificazione giuridica e inserimento degli ebrei nella società moderna ebbero luogo con l'apparire, al di qua delle Alpi, delle armate francesi d'occupazione sotto il comando del generale Bonaparte. Soltanto allora, infatti, vennero abbattute ovunque le porte dei ghetti.

Per gli ebrei dei principali Paesi dell'Europa occi-

Il generale Bonaparte tra i soldati della campagna d'Italia del 1796, illustrazione di una biografia dell''800.

dentale e d'oltre Atlantico, il processo di riabilitazione sociale e d'emancipazione politica era cominciato ben prima della Rivoluzione americana e di quella francese. Entrambi questi drammatici rivolgimenti furono gli estremi esiti politici d'un movimento molto ampio e di lunga durata, iniziato in quell'oasi di magnifica "sicurezza" e razionalità civica che fu l'Olanda del Seicento, ripreso poi e irradiato dall'Inghilterra nella seconda metà del secolo, e caratterizzato essenzialmente dai fattori seguenti: l'affermarsi della cultura illuministica, con i suoi contenuti di razionalismo umanitario e di tolleranza (quando non di radicale scetticismo) come reazione ai fanatismi delle guerre di religione, della Riforma e della Controriforma; la formazione di nuove élite in seno alle società civili, attraverso organizzazioni quali la massoneria – che di esse fu indubbiamente la più importante – in un impegno diffuso di modernizzazione degli Stati in via di progressivo affrancamento dalle pastoie clericali e dalle costrizioni feudali; lo sviluppo dell'economia capitalistica, al cui interno le minoranze attive, fossero esse protestanti o ebraiche, potevano inserirsi con inusitata facilità.

Le condizioni degli ebrei in Italia nella seconda metà del XVIII secolo erano abbastanza variegate, a seconda dei diversi Stati: la loro situazione era peggiore, per esempio, in Piemonte, e migliore in Toscana. Rispetto al resto dell'Europa, un interesse scientifico e politico per il problema ebraico tardò a svilupparsi in Italia anche, certamente, a motivo dello scarso peso demografico degli ebrei e della frammentazione dei loro insediamenti.

Ciò spiega come mai, nell'articolato processo sociale e intellettuale che si compì nel tardo Settecento europeo, nella fitta dialettica tra pensiero politico e politica reale, volta a dare corpo all'idea di una libertà di culto autentica ed estesa a tutti gli uomini (e quindi anche agli ebrei), fosse tanto arduo trovare in Italia l'eco di qualche voce significativa. Eccezion fatta per Giuseppe Compagnoni (1754-1833) – singolare figura di letterato e giornalista

L'albero della Libertà

L'albero della Libertà a Napoli. L'Assemblea nazionale della Francia rivoluzionaria sanzionò con decreto, dopo un lungo dibattito, che la "Dichiarazione dei diritti dell'uomo e del cittadino" significava implicitamente per gli ebrei il conseguimento dell'equiparazione giuridica.

Il ghetto è solo un luogo

Nella pagina accanto, il ghetto di Firenze in un quadro di Telemaco Signorini. Sopra, "shaddài" italiano del nostro secolo. La parola significa "onnipotente", il primo degli attributi divini; gli ornamenti augurali che la portano incisa vengono appesi alle culle dei bambini o portati al collo.

romagnolo, giacobino in politica, segretario della Repubblica cispadana, autore di un *Saggio sugli ebrei, e sui greci* (Venezia 1790), di deciso orientamento filoebraico – nessuno fra gli illuministi italiani attivi prima dell'età napoleonica riuscì a spingersi tanto in là da propugnare la piena eguaglianza giuridica fra tutti i cittadini, indipendentemente dalla fede religiosa professata. E del resto, a quell'epoca, fra gli stessi ebrei l'accettazione delle regole e delle istituzioni degli Stati laici in via di costituzione sembrò suscitare un interesse abbastanza prudente, se non tiepido. Molti di loro – i più tradizionalisti – vissero tale accettazione come un evento sconvolgente, ravvisandovi un motivo di divisione delle comunità, che per secoli erano rimaste chiuse e "difese" nell'isolamento dei ghetti, e ora venivano messe improvvisamente a repentaglio dalla decadenza degli antichi vincoli e delle autorità tradizionali.

Quando nel 1799 i francesi dovettero ritirarsi, venne ripristinato in Italia l'assetto geopolitico precedente e furono riesumate le interdizioni prerivoluzionarie. Ma nel primo decennio dell'Ottocento, con il ritorno delle armate napoleoniche, il corso della prima emancipazione degli ebrei italiani riprese; la nuova costituzione del 1802 della Repubblica Italiana (Regno d'Italia dopo il 1805) concedeva loro l'esercizio privato del culto, e per la prima volta studenti ebrei poterono varcare l'ingresso delle scuole pubbliche e i malati farsi assistere negli ospedali. Le iniziative assunte d'autorità da Napoleone nel 1806-1807 (l'Assemblea dei Notabili ebrei prima; la convocazione del cosiddetto Sinedrio poi, fra i cui membri – rabbini e dotti laici – v'erano i rappresentanti di tutte le province dell'Impero napoleonico, compreso il Regno d'Italia) diedero una forma spettacolare all'integrazione istituzionale e sociale degli ebrei, pur condizionandola a una strisciante degiudaizzazione.

Gli ebrei del Regno d'Italia, poco numerosi, dispersi in nuclei abbastanza piccoli e separati fra loro, dovettero entrare nell'ordine di idee di "diventare italiani" – così come quelli di Francia "diventavano

821
Rouargue frères, del. et sc.
Imp. Chardon

francesi" – confinando il proprio ebraismo al puro ambito del culto religioso. E nel diventare "cittadini italiani di fede mosaica", aderivano sostanzialmente a quell'idea di "rigenerazione" di una "nazione decaduta, governata da leggi barbariche", che gli illuministi inglesi, francesi e tedeschi avevano concepito progettando di aiutare gli ebrei a trasformarsi, attraverso una rieducazione benevola, da giudei del ghetto in esseri degni di diventare cittadini come gli altri.

Con la caduta del Primo Impero (1815) e la restaurazione dei vecchi ordinamenti, i portoni dei ghetti si richiusero ancora una volta per qualche decennio e riapparvero le antiche discriminazioni a carico degli ebrei, sia pure in forme attenuate. Ma i successi della controrivoluzione e della reazione antiliberale furono effimeri: il movimento verso i regimi costituzionali, in atto nelle varie società europee, andava ormai assumendo un carattere irreversibile.

In Italia la restaurazione portava fatalmente nel suo grembo i moti risorgimentali del 1821, del 1831 e del 1848 ai quali gli ebrei, agendo sempre più come una naturale componente del popolo italiano, offrirono una larga partecipazione. A Livorno i carbonari ebrei si contavano a decine; nel 1822 l'austro-estense Francesco IV (1779-1846), dispotico duca di Modena, faceva processare tre ebrei con l'accusa d'appartenere alle sette segrete, e sempre a Modena, nel 1831, Ciro Menotti (1798-1831) ebbe come collaboratore durante il breve governo provvisorio Angelo Usiglio, che divenne in seguito segretario di Giuseppe Mazzini (1805-1872); a Firenze i fratelli Paggi stampavano clandestinamente materiale carbonaro e il convitto "Collegio Foà" era un noto covo della "Giovine Italia"; negli anni Trenta a Vercelli, nella setta carbonara dei "Veri Italiani" vi erano numerosi ebrei; Abramo Isacco Forti da Lugo espiava con la morte, nel 1832, la colpa d'avere preso parte all'insurrezione di Faenza nel 1828. Sono ben noti, su un altro versante, i profondi vincoli politici, morali e finanziari che legarono, a partire dal 1849, il

Il ghetto è solo un luogo

Sopra e accanto, nel ghetto romano, nell''800. I portoni e le mura del ghetto di Roma erano stati abbattuti da Pio IX il 17 aprile 1848; il decreto di equiparazione degli ebrei romani è tuttavia del 13 ottobre 1870, dopo Porta Pia.

La realtà della tradizione

"Rimon" o terminale della Toràh, in argento traforato a forma di lanterna, con catene terminanti in campanelle. Appartiene alla comunità di Roma.

conte di Cavour (1810-1861) al capo del ramo parigino della casa Rothschild, il "Grande Barone" James (Jacob) de Rothschild (1792-1868), massimo esponente di quella che allora si chiamava l'"aristocrazia finanziaria" in Europa.

Intanto, a preparare la seconda, definitiva, emancipazione ebraica in Italia, andavano levandosi le voci di Giuseppe Mazzini, dei cattolici Raffaello Lambruschini (1788-1873) e Niccolò Tommaseo (1802-1874), del liberale Massimo d'Azeglio (1798-1866) e, soprattutto, del federalista repubblicano Carlo Cattaneo (1801-1869).

Da tutto questo quadro risulta evidente quanto fosse corretta, in buona sostanza, l'osservazione che Arnaldo Momigliano formulò in uno scritto del 1933, e che Antonio Gramsci (1891-1937) condivideva, secondo cui in Italia la formazione della coscienza nazionale degli ebrei fu «parallela alla formazione della coscienza nazionale nei piemontesi o nei napoletani o nei siciliani: è un momento dello stesso processo e vale a caratterizzarlo».

Nel Regno di Sardegna Carlo Alberto (1798-1849) firmò il 4 marzo 1848 quello Statuto che da molti fu ritenuto – a torto – la formale sanzione della seconda emancipazione ebraica in Piemonte e Liguria. In effetti, con il fissare una netta distinzione tra "la sola religione dello Stato" (quella cattolica) e gli altri culti "tollerati", lo Statuto albertino si palesava ben più restrittivo verso gli ebrei di quanto non fossero i contemporanei Statuti concessi nel Granducato di Toscana o nel Ducato di Parma. Ciò nondimeno, l'evoluzione legislativa e giurisprudenziale successiva allo Statuto albertino, specialmente dopo la formazione dello Stato unitario, fu foriera di una progressiva parificazione dei culti. Nel marzo 1871 la Camera dei deputati si espresse a favore dell'abolizione di «ogni ingerenza governativa nell'esercizio del culto e della libertà religiosa», dichiarando che tale principio sarebbe stato applicato «a profitto di tutti i culti professati nello Stato».

In conclusione, la "nazionalizzazione italiana"

degli ebrei, compiutasi durante il Risorgimento, ebbe luogo, per un verso, contemporaneamente al processo di unificazione nazionale e, per un altro, in concomitanza con la lenta evoluzione liberale e democratica che nella seconda metà dell'Ottocento andò trasformando il nuovo Regno d'Italia in uno Stato autenticamente laico. E quando i portoni dell'ultimo ghetto della penisola (a Roma) vennero abbattuti il 20 settembre 1870, questi processi – nelle loro linee essenziali – erano ormai compiuti.

Con la fine dello Stato pontificio, vennero a cessare le ultime forme di discriminazione a carico degli ebrei in Italia: soggiorno obbligato nel ghetto, esclusione dalle scuole d'ogni grado, divieto di spostarsi da un luogo all'altro per chi non fosse in possesso di "licenza viatoria", e così via. Ma quello che non cessò fu l'antigiudaismo di matrice cattolica, legato in prima istanza a vecchi pregiudizi teologici (ebrei deicidi e nemici della chiesa; demonizzazione del Talmùd). A parte il doloroso capitolo dei rapimenti e dei battesimi forzati di bambini ebrei, nei primi anni

"Tallèth" di bambino. La parola significa "manto"; è un ampio scialle quadrangolare bianco, di lana, con frange ai quattro lati, che gli uomini indossano durante la preghiera del mattino.

dopo il Risorgimento i rapporti tra ebrei e Chiesa romana furono contrassegnati da una certa ambivalenza: se da un lato *Il Vessillo Israelitico* (a quell'epoca il maggiore periodico ebraico italiano, pubblicato tra il 1874 e il 1922 in Piemonte) ospitava un'apposita rubrica sulle "testimonianze di cattolici in favore degli israeliti", e i vescovi di Casale Monferrato, Livorno e Venezia stringevano assidui e cordiali rapporti con le locali comunità ebraiche, dall'altro i vescovi di Modena e Padova e membri della segreteria di Stato vaticana approvavano caldamente nel 1880 una serie di articoli nella *Civiltà Cattolica* – la punta di diamante del movimento antiebraico – nei quali il padre gesuita Giuseppe Oreglia di Santo Stefano (1823-1895) riprendeva l'accusa infamante dell'omicidio rituale; mentre durante l'affare Dreyfus il nunzio apostolico a Parigi, monsignor Lorenzelli, ricordava a un diplomatico francese «che il pericolo israelita è universale, che esso minaccia l'intiera cristianità». Però, la giudeofobia cattolica andò via via arricchendosi anche d'altri spunti, più politici ed economici: come quando, tra il 1890 e la prima guerra mondiale, gli ambienti clericali più tradizionali avviarono aspre crociate antisocialiste e antimassoniche, caratterizzate da toni antiebraici che in parte passeranno, di lì a qualche decennio, nel bagaglio ideologico dell'antisemitismo fascista. Su questa sorda polemica del cattolicesimo più intransigente contro gli ebrei e contro la loro attiva presenza nella vita del Paese pesò certamente, in quegli anni, il fatto della momentanea lontananza dei cattolici dalla gestione della cosa pubblica in seguito alla liquidazione del potere temporale dei papi. A ogni modo, nell'Italia post-risorgimentale le campagne della Chiesa contro gli ebrei rappresentarono un fenomeno marginale rispetto al corso della vita e della politica del giovane Regno. L'antiebraismo clericale non ebbe mai l'occasione di coalizzarsi con altre correnti antisemite così da minacciare le istituzioni dello Stato liberale, come accadde invece in Francia durante l'affare Dreyfus.

"Meghillàt Estèr" o rotolo col libro biblico di Ester. Si legge il 14 del mese di Adar nella festa di Purìm, che commemora il miracolo in virtù del quale gli ebrei di Babilonia sfuggirono al massacro cui li aveva destinati la macchinazione del gran visir Hamàn.

... e identità

Quanto agli ebrei stessi, molti di loro vissero la stagione dell'emancipazione come una storica, irripetibile occasione per prendere parte, finalmente da cittadini, a ogni aspetto della vita pubblica italiana, nella convinzione di poter offrire un contributo significativo all'edificazione della nazione riunita. Sebbene non mancassero anche in ambienti liberali singoli episodi di ostilità verso gli ebrei, numerosi furono i militanti ebrei nelle file liberali, nonché in quelle mazziniane e in quelle del nascente socialismo; e per parecchi ebrei, la militanza politica coincise con un avvio all'assimilazione, cioè con la rinunzia ad almeno una parte del proprio ancestrale patrimonio di tradizioni ebraiche.

In altri Paesi, ma soprattutto in Germania, l'emancipazione sociale e culturale degli ebrei aveva suscitato nuove opzioni religiose, che nella prima metà del XIX secolo avevano spinto una parte dell'opinione ebraica a riconoscersi in forme d'espressione –

Il Cimitero antico (XIV-XVIII secolo) accanto al monastero di San Nicolò di Lido a Venezia. Carlo Cattaneo sosteneva che, prodottesi nella storia credenze religiose diverse in virtù di una "potenza prevalente", si doveva operare perché potessero felicemente coesistere. Nel principio della "progressiva universale equità", la soluzione della questione ebraica non doveva "riformare il giudaismo".

La realtà della tradizione

l'ebraismo "liberale" o "riformato" – più consone al mondo moderno. Imperniato attorno ad alcune idee fondamentali (rivelazione progressiva, religione conforme ai criteri della ragione, ridimensionamento del culto e delle istituzioni dell'ebraismo), il movimento si diffuse poi soprattutto nei Paesi anglosassoni. In Italia non arrivò mai: e non soltanto per l'opposizione intransigente di Samuel David Luzzatto (1800-1865), prestigiosa figura di maestro e animatore dell'istituto superiore rabbinico di Padova, ma anche per l'orientamento del più largo pubblico, alieno dal mettere in discussione antiche dottrine e pratiche religiose o dal sottoporre a variazioni la liturgia. Il piccolo nucleo ebraico italiano, insomma, preferì mantenersi aderente alla tradizione, sia nella forma che nella sostanza. L'ebreo italiano emancipato – annotava acutamente Attilio Milano – considerando la propria crisi religiosa come un fatto personale, «si è potuto allontanare dall'osservanza religio-

La macellazione rituale in una beccheria ebraica, miniatura da un manoscritto del 1435.

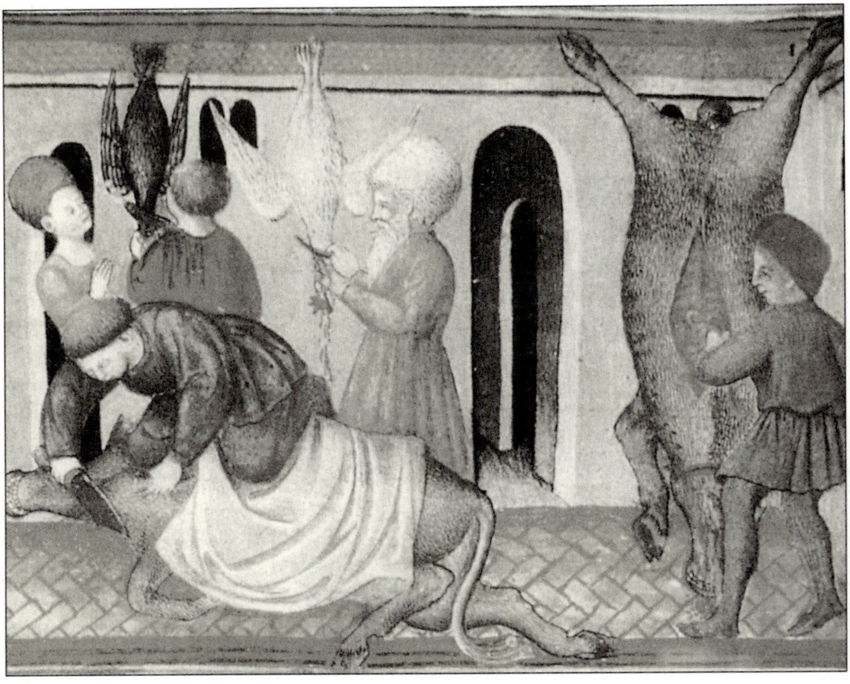

sa, ma ha tenuto a lasciare intatto quello da cui si discostava».

I decenni successivi all'emancipazione portarono anche a un profondo rivolgimento nella distribuzione geografica dei nuclei ebraici italiani, cagionando la scomparsa di molte delle comunità più piccole. L'apertura dei ghetti, l'abbattimento dei confini tra Stato e Stato e tra i ghetti e le città produssero ovunque un intenso movimento della popolazione ebraica. Poi, all'inizio del Novecento, l'urbanesimo trasformò definitivamente la geografia dell'ebraismo italiano, spingendolo a concentrarsi nelle grandi aree urbane e a rendere progressivamente deserte una cinquantina di comunità situate in centri rurali minori dell'Italia settentrionale e centrale, presso le quali – dopo una permanenza di tre o quattro secoli – nel 1840 si concentravano ancora quasi 8 mila ebrei, mentre nel 1931 la popolazione era scesa a millecentocinquanta unità.

La realtà della tradizione

La preparazione degli azimi. Nella pasqua ebraica o Pésah si sostituiscono al pane lievitato.

7

La tragedia e il dialogo

«Il fascismo va innestato sul sottosuolo italico», notava Carlo Rosselli (1899-1937) in *Socialismo liberale*, un saggio che il fondatore di "Giustizia e libertà" scrisse al confino di Lipari nel 1928-29, «e allora si vede che esso esprime vizi profondi, debolezze latenti, miserie ahimè del nostro popolo, di tutto il nostro popolo. (...) Ha trionfato perché ha toccato sapientemente certi tasti ai quali la psicologia media degli italiani era straordinariamente sensibile. Il fascismo è stato in certo senso l'autobiografia di una nazione che rinuncia alla lotta politica, che ha il culto dell'unanimità, che rifugge dall'eresia, che sogna il trionfo della facilità, della fiducia, dell'entusiasmo».

Di fronte all'avvento e al consolidarsi del regime liberticida di Mussolini (1883-1945), fra gli ebrei italiani soltanto una minoranza si dimostrò disposta a impegnarsi in un'opposizione militante del tipo di quella di Rosselli, il "laico" che sino alla morte inflittagli dai sicari visse il suo antifascismo nei termini intransigenti di una guerra di religione, di un confronto tra concezioni civili ed etico-politiche assolutamente inconciliabili.

Quando il Paese aspettava dall'altoparlante di conoscere il suo futuro, la religione ebraica, diventato il cattolicesimo "religione di Stato", passò a "culto ammesso" (1929). L'ineguaglianza dei culti precedette di meno di un decennio l'ineguaglianza dei cittadini.

Il nazionalismo di massa – autoritario, aggressivo, espansionistico e, alla fine, imperialistico – dei fascisti si reggeva proponendo all'opinione pubblica una miscela esplosiva, composta di eccessi sciovinistici e di una roboante retorica plebea, "anticapitalistica" e "antiborghese".

Ciò nondimeno, la maggioranza degli ebrei respinse il più a lungo possibile il sospetto che, entro il contesto del totalitarismo fascista, potessero mai scatenarsi strumentali campagne avverse a un nucleo che, pur essendo ricco di tradizioni e dotato di una sua peculiare identità, aveva in Italia proporzioni e peso specifico davvero modesti. E perciò, vuoi per quieto vivere, vuoi per opportunismo, vuoi per incapacità di trascendere un orizzonte culturale provinciale, gran parte dell'ebraismo italiano (specialmente la dirigenza delle comunità) si atteggiò nei confronti del regime con lo stesso tipo di benevola indifferenza da cui fu animata la maggioranza della popolazione italiana. E non mancarono neppure ebrei – qualche centinaio – che sin dalla prima ora aderirono ai "Fasci di combattimento", forse per tutelare meglio i propri interessi, certamente per sentirsi più "accettati" da un potere totalitario la cui propaganda era in buona misura imperniata sulla mitica esaltazione dell'"italianità".

Con la Conciliazione tra Stato e Chiesa stipulata in Laterano da Mussolini e dal cardinale Gasparri l'11 febbraio 1929, cui fecero seguito la legge 24 giugno 1929 sull'esercizio dei "culti ammessi" e, nei due anni successivi, il decreto 30 ottobre 1930 e altre misure legislative sulle comunità israelitiche, il regime fascista sospinse a ritroso la ruota della storia richiamando all'onor del mondo il primo articolo dello Statuto albertino, con la riaffermazione dell'ineguaglianza dei culti nei termini della distinzione tra la fede cattolica (qualificata dal Trattato del Laterano "Religione dello Stato") e gli altri culti. Ma l'ineguaglianza dei culti fu soltanto «il primo passo», come ha rilevato correttamente Guido Fubini, «d'un cammino che doveva ricondurre all'ineguaglianza dei cittadini,

In nome della "razza"

Il Messaggero

IL GRAN CONSIGLIO DEL FASCISMO

Le decisioni sulla razza

Un ordine del giorno che esprime la fierezza della Nazione per l'opera risolutiva del Duce nella crisi europea

Un vigoroso discorso di Chamberlain

La prima pagina del *Messaggero* annuncia con titolo a tutta pagina "Le decisioni sulla razza" del 6 ottobre 1938. Erano state precedute da un "Manifesto del razzismo italiano" (14 luglio 1938) in cui il fascismo si allineava in materia all'ideologia nazista.

La vergogna

Temi della propaganda antiebraica; la scritta è "Marxismo e semitismo". Nella dichiarazione programmatica fascista del 6 ottobre 1938 si trova la considerazione che la la lotta contro gli ebrei era mossa da contrasti politici più che da motivi razziali.

e trovare poi con le leggi razziali la sua completa realizzazione».

A dire il vero, in Italia un antisemitismo di Stato non si manifestò prima del 1937. Fino a quando gli ebrei furono o sembrarono sufficientemente fascisti, il regime lasciò loro la stessa "libertà" di cui fruivano gli altri italiani. L'atteggiamento che lo stesso Mussolini tenne nei confronti del problema ebraico fu colmo di ambiguità, condizionato probabilmente anche dall'andamento ondivago dei suoi rapporti con il regime nazista di Adolf Hitler (1889-1945). Tant'è che per qualche anno, dopo l'assassinio nel luglio 1934 del Cancelliere austriaco Engelbert Dollfuss per mano dei nazisti austriaci, gli ebrei tedeschi, austriaci e di altri Paesi dell'Europa orientale venivano ricevuti in Italia e accolti come ospiti ben accetti: i giovani potevano proseguire gli studi universitari e quelli che volevano emigrare in Palestina potevano addirittura servirsi di una linea di navigazione, facente capo a Trieste, destinata esclusivamente a questo scopo.

Ma proprio a proposito e a cagione dell'incessante arrivo di profughi ebrei dalla Mitteleuropa, fra i dirigenti delle comunità israelitiche aveva già suscitato motivi di profondo disagio un articolo che il capo squadrista Roberto Farinacci (1892-1945) aveva scritto su *Il regime fascista* nel maggio 1933 (quattro mesi dopo l'ascesa di Hitler al potere), caldeggiando l'introduzione in Italia di un *numerus clausus* ufficioso degli ebrei. E poco meno di un anno più tardi, nel marzo 1934, quando venne arrestato un gruppo torinese di sedici antifascisti di "Giustizia e libertà" (quattordici dei quali ebrei), il quotidiano romano *Il Tevere* (una creazione personale di Mussolini) aveva rincarato la dose, attribuendo alla "razza ebraica" «il meglio dell'antifascismo passato e presente: da Treves a Modigliani, da Rosselli a Morgari».

Dato che la "sovversione ebraica" veniva imputata con insistenza sempre maggiore all'emergere del sionismo, e poiché questa iniziale campagna della stampa fascista andava ascrivendo la "dubbia lealtà patriottica" degli ebrei al potere dell'"internazionale ebraica", alla "doppia fedeltà" e via accusando, gli ebrei più ansiosi di dimostrare il proprio zelo verso il regime si affrettarono a offrire un aperto sostegno al fascismo, anche in polemica con i propri correligionari. Così, nel maggio 1934, nacque a Torino *La Nostra Bandiera*, organo settimanale diretto da Ettore Ovazza, un ebreo fascista fin dal 1920 e convinto antisionista (finirà catturato in Valle d'Aosta e ucciso dai tedeschi nell'ottobre 1943). Da parte sua, la piccola pattuglia dei sionisti si rifiutò di sottostare a intimidazioni e pressioni: sempre nel maggio 1934, attraverso un intermediario Mussolini esortava Dante Lattes (1876-1965) – lo strenuo antifascista, alfiere in Italia del sionismo – a sciogliere la Federazione sionistica italiana, ma Lattes rispose con un diniego e Mussolini rinunciò lì per lì a compiere passi ulteriori.

L'adozione ufficiale di una politica antiebraica su basi razziali si ebbe tra la fine del 1937 e il 1938, in seguito al progressivo avvicinamento di Mussolini alla Germania hitleriana. Mutuata dall'ideologia nazista e sostenuta da pseudo-ideologi italiani, la politica discriminatoria del fascismo venne inaugurata il 14 luglio 1938 con la pubblicazione del "Manifesto della razza", scritto di pugno dal Duce e fatto avallare dalla firma di qualche scienziato compiacente (fra gli "autori", il senatore professor Nicola Pende, direttore dell'Istituto di Patologia medica dell'Università di Roma). In dieci sintetiche proposizioni, il documento affermava che le razze umane esistono, che ce ne sono di grandi e di piccole, che si tratta di un concetto puramente "biologico", che gli italiani sono ariani puri, che gli ebrei non appartengono alla razza italiana, che ormai è tempo che gli italiani "si proclamino francamente razzisti"; e concludeva dichiarando che i matrimoni misti erano ammissibili «solo nell'ambito delle razze europee, nel qual caso non si deve parlare di vero e proprio ibridismo».

Questo "Manifesto" non mancò di produrre un'immediata tensione con gli ambienti del Vaticano, preoccupati soprattutto di salvaguardare, almeno in

... e il ridicolo

Temi della propaganda antiebraica. Le scritte: "I settori più delicati dell'insegnamento sono monopolizzati dagli ebrei" / "L'internazionalismo sotto le apparenze di 'scienza pura'" / "Teorie distruttive. Sterili cerebralismi". Le ultime due sono ai lati del ritratto di Albert Einstein.

Italia, la cattolicità dei figli dei matrimoni misti e la validità del sacramento coniugale in quegli stessi casi. Il papa Pio XI (1857-1939), che già nell'enciclica *Mit brennender Sorge* del marzo 1937 aveva espresso il suo biasimo per gli orientamenti neopagani dell'ideologia nazista, in un discorso tenuto il 28 luglio 1938 sottolineava – deplorandolo – il lato animalesco della parola "razza" e suggeriva quello più umano di "stirpe", bollando pubblicamente l'antisemitismo fascista come un'imitazione della mitologia nordica di Hitler.

Il 1° settembre 1938, il Consiglio dei ministri passò sul terreno operativo decidendo che gli ebrei immigrati dopo il 1919 abbandonassero il territorio italia-

1938: fasci e svastiche sui muri della sinagoga di Trieste.

no entro sei mesi, e il 2 settembre approvò un decreto legge che escludeva docenti e studenti ebrei da tutte le scuole del Regno. Il successivo 6 ottobre, il Gran Consiglio del fascismo individuò le misure da prendere contro la "razza ebraica", misure alle quali diede poi forza di legge il regio decreto 17 novembre 1938: vietando i matrimoni misti, escludendo gli ebrei dalla proprietà di beni e di aziende, e collocando in congedo gli ebrei dipendenti dalla pubblica amministrazione.

A partire dall'autunno del 1943, la "soluzione del problema ebraico" passò per venti mesi nelle mani esperte degli occupanti hitleriani, che compirono sistematiche razzie imponendo la loro legge su tutti i

Camera a gas

La Risiera di San Sabba a Trieste; la camera a gas, l'unica dei campi italiani, fu distrutta dagli addetti prima della fuga.

"Il lavoro rende liberi" sta scritto sul cancello di uno dei campi di concentramento in cui si consumò l'Olocausto. Dice Primo Levi, ebreo italiano, deportato ad Auschwitz: «Siamo stati capaci, noi reduci, di comprendere e far comprendere la nostra esperienza?», ma anche: «È avvenuto, quindi può accadere di nuovo; questo è il nocciolo di quanto abbiamo da dire».

territori che il governo fantoccio della Repubblica sociale di Salò pretendeva di controllare. Durante l'occupazione tedesca, gli ebrei presenti in Italia si erano ridotti a poco più di 33 mila; a Rodi e nelle altre isole dell'Egeo, già Possedimenti italiani (Dodecanneso), ve n'erano circa 1.900. Dal settembre 1943 all'aprile 1945, in quello che fu uno dei più oscuri e sconvolgenti periodi nella storia dell'Italia contemporanea, i deportati nei campi di sterminio – accertati mediante una ricerca condotta con grande scrupolo e pietà da Liliana Picciotto Fargion per conto del Centro di Documentazione Ebraica Contemporanea di Milano – furono 6.746 dal territorio "metropolitano" e 1.820 dal Dodecanneso (pari rispettivamente al 27 e al 96 per cento degli ebrei presenti). Coloro che non tornarono dall'inferno dei campi furono 7.557. Altri 303 vennero massacrati in occasione di eccidi documentati (75 furono gli ebrei eliminati alle Fosse Ardeatine, 24 marzo 1944, assieme a 260 non ebrei). Queste macabre statistiche non riescono a coprire i casi di un altro migliaio di ebrei, residenti o in transito allora in Italia, il cui martirio sembra destinato a restare anonimo.

Nei mesi in cui questa tragedia andava consumandosi, gli ebrei italiani trovarono aiuti, soccorsi e complicità generose, talvolta eroiche, presso la gente del popolo, i sacerdoti, i soldati, i funzionari civili. Ai livelli superiori, invece, molte, gravissime e dirette furono le responsabilità: da Vittorio Emanuele III (1869-1947) e Pietro Badoglio (1871-1956), che nel mese e mezzo tra il 25 luglio 1943 (caduta del fascismo) e l'8 settembre (armistizio) non abrogarono le leggi razziali del 1938, alle prime squadre d'azione sorte con il nascere della Repubblica sociale di Mussolini, che chiesero di "poter trattare l'internamento degli ebrei"; dalla polizia fascista che condusse i rastrellamenti di ebrei di comune accordo con le SS, ai militi della guardia nazionale repubblicana che scortarono i convogli dei deportati dall'Italia fino alle porte di Auschwitz; dalla cieca e sorda burocrazia statale che rapinò i beni ebraici per finanziare il sottogoverno di Salò, allo stesso Vaticano che, nelle ore più cupe della *shoah*, diplomaticamente tacque.

La distruzione, nella sua essenza, del grande nucleo dell'ebraismo aschenazita nell'Europa centro-orientale, e la fondazione in Palestina, nel 1948, di un nuovo e vitale Stato ebraico – inteso come rifugio sicuro per gli ebrei in pericolo in qualsiasi regione del mondo, a garanzia che non possa esserci mai più un'altra *shoah* – sono i due eventi che più profondamente hanno segnato, nell'arco del XX secolo, il destino degli ebrei nel mondo, e quindi anche la vita della minuscola collettività ebraica ita-

Le Fosse Ardeatine

La stella di Davide dal cancello del mausoleo delle Fosse Ardeatine. Antica cava di arenaria sulla via Ardeatina, il 24 marzo 1944 vi furono fucilate, dalle forze tedesche occupanti Roma, 335 persone fra cui 75 ebrei romani, arrestati il giorno precedente in ghetto. Cinque mesi prima, nel rastrellamento del ghetto del 16 ottobre 1943, 2091 ebrei romani erano stati avviati verso i campi di sterminio.

liana. Si tratta di due aspetti cruciali di una cesura storica che non ha precedenti (né per il "come" né per il "quanto"), e che in seno al mondo ebraico ha modificato radicalmente gli equilibri interni. Infatti, la brutale scomparsa dei grandi centri tradizionali dell'ebraismo europeo ha anche contribuito a dare peso e rilievo alla comunità ebraica degli Stati Uniti: una consistente minoranza che, grazie a una articolazione socio-economica e a una vitalità culturale straordinarie, non solo è diventata nel corso del secolo un elemento essenziale e qualificante in seno alla plurietnica società americana, ma si è anche trovata improvvisamente a svolgere – assieme e "in concorrenza" con Israele – un'impegnativa funzione di leadership, con responsabilità che investono i destini dell'intiero ebraismo nel mondo.

Nel Museo di Tel Aviv, il 14 maggio 1948, David Ben Gurion legge la proclamazione dello Stato di Israele. Alla parete il ritratto di Theodor Herzl, fondatore del sionismo. Anche fra gli ebrei italiani, come in tutta la Diaspora, l'esistenza, la storia, la politica di Israele sono temi di dialettica in rapporto alle personali scelte e opinioni.

Dopo lo sterminio

Ovviamente, nei decenni successivi allo sterminio, sia la memoria insopprimibile di Auschwitz, sia i nuovi problemi legati all'edificazione di uno Stato ebraico nel Vicino Oriente e ai complessi rapporti intercorrenti tra questo nuovo Stato e la Diaspora, hanno dominato e continuano a dominare l'orizzonte culturale della collettività ebraica italiana. Entro tale cornice tematica, l'ebraismo italiano si è sforzato di rimettersi in cammino senza cadere preda di facili illusioni, bensì superando una certa diffusa atonia prodotta da un secolo di accentuata assimilazione. L'elaborazione culturale più significativa ha visto gli ebrei italiani impegnati a conseguire una consapevolezza sempre più precisa della propria storia e della propria identità e a individuare orientamenti e scelte

Documento delle difficoltà dell'immigrazione in Palestina, dopo la fine della seconda guerra mondiale, negli ultimi anni del mandato britannico. I milletrecento immigranti ebrei di questi due natanti, che vi arrivarono il 12 agosto 1946, non ricevettero il permesso di sbarco.

sempre più responsabili nei confronti del proprio avvenire. È amplissimo, anche in seno al piccolo mondo ebraico italiano, il ventaglio delle vocazioni culturali e delle posizioni politiche. Tale varietà risponde per un verso alle differenti disposizioni a recepire o a trascendere il retaggio della tradizionale cultura religiosa e, per un altro, alle diverse scelte di militanza entro l'arco dei partiti politici nazionali, nonché ai vari gradi di consenso/dissenso espressi via via nei confronti di Israele e della sua politica. Ciò contribuisce ad arricchire di spunti sempre nuovi l'interna dialettica, e a rendere fertile di risultati il dibattito, che in ambito ebraico tende sempre ad assumere toni accesi e vivaci.

I rapporti tra gli ebrei e lo Stato italiano sono ora regolati dall'"Intesa" sottoscritta il 27 febbraio 1987, grazie alla quale si è finalmente potuta superare la vecchia legge fascista del 1930 che, istituendo nelle città con presenze ebraiche consistenti le comunità israelitiche, stabiliva che a esse appartenessero obbligatoriamente tutti i cittadini italiani di religione ebraica. La nuova "Intesa", in ottemperanza all'articolo 8 della Costituzione repubblicana, riconosce invece l'autonomia organizzativa delle comunità ebraiche, attribuendo a esse il diritto di regolarsi mediante uno statuto interno. Alle comunità gli ebrei *possono* iscriversi (e non *devono*, come accadeva secondo le antiche norme), e in tal modo accedono al godimento di tutti i servizi educativi, sociali e di culto che le comunità stesse assicurano.

Nello scorcio del XX secolo risultano presenti in Italia circa 40 mila ebrei; un dato esatto non esiste poiché molti, pur riconoscendosi ebrei, non sono iscritti ad alcuna comunità. Gli iscritti si concentrano soprattutto a Roma (15 mila) e a Milano (10 mila). Altre comunità con una vita religiosa e culturale organizzata – quelle di Torino, Firenze, Trieste, Livorno, Genova e Venezia – comprendono da 1.300 a 650 iscritti ciascuna. Napoli, Bologna, Padova, Pisa, Modena, Ferrara, Verona contano invece solo poche centinaia di persone. I fenomeni migratori di

"Per la libertà di Gerusalemme" e "Per la redenzione di Israele", sono le scritte sulle monete d'argento del tempo della rivolta di Simon bar Kokhbà (132-135 d.C.).

ebrei verso l'Italia non sono da considerarsi conclusi. Dopo le consistenti ondate dall'Europa centro-orientale negli anni Trenta e Quaranta, gli ebrei arrivati dal Vicino Oriente, e in particolare dall'Egitto dopo la crisi di Suez (1952-1956), costituiscono il principale gruppo straniero all'interno dell'ebraismo italiano. Seguono circa 3 mila libici arrivati nel 1967, dopo la guerra arabo-israeliana "dei sei giorni". Più recente l'arrivo di iraniani, libanesi ed ebrei ex sovietici.

Così, nelle comunità a base demografica più larga come quelle di Milano e Roma, gruppi differenti sul piano etnico, linguistico e culturale vivono oggi la loro ebraicità in modo separato l'uno dall'altro, persino in fatto di culto (giacché gli ebrei religiosi tendono a praticare i loro riti originali in case di preghiera diverse). Tali differenze sono sempre state ben presenti nell'ebraismo, contribuendo a renderlo vitale nell'arco dei secoli, anche se dall'esterno sono state sempre poco percepite: per la sua esiguità, infatti, il gruppo ebraico è sempre stato erroneamente considerato monolitico.

Ebrei ortodossi in preghiera al "muro del pianto" a Gerusalemme.

Più di due millenni

Il portico di Ottavia, uno dei "luoghi della memoria" degli ebrei d'Italia. Il nome della penisola fu letto anche *I-tal-Jah*, "isola della rugiada divina", alludendo a una delle benedizioni invocate da Isacco per le terre del figlio Giacobbe.

Non si può, infine, non ricordare che a seguito del secondo conflitto mondiale, il macabro inventario degli esiti catastrofici dell'antisemitismo su basi razziali ebbe anche a produrre, nei settori più maturi del mondo cristiano, una decisa presa di coscienza, accompagnata da molteplici sforzi di riflessione e di revisione dei tradizionali pregiudizi che in ambito cristiano si erano coltivati per secoli a carico degli ebrei.

I primi concreti frutti di questa svolta storica si ebbero, particolarmente in seno alla Chiesa cattolica, all'inizio degli anni Sessanta, nel clima di apertura ecumenica e di fervido "aggiornamento" promosso con il Concilio Vaticano II dal papa Giovanni XXIII (1881-1963). E proprio in quel periodo non tardarono a prendere forma, anche nel mondo ebraico, correnti parallele, favorevoli allo sviluppo dei contatti, della collaborazione, del dialogo.

Al di là dei gesti simbolici, che pure in questo

contesto hanno un peso non trascurabile (come la visita del papa Giovanni Paolo II alla sinagoga di Roma nell'aprile 1986), il processo che vede cristiani ed ebrei sostituire progressivamente il momento del dialogo a quello dell'atavica reciproca avversione sta rivelandosi arduo e di lunga durata, ed è quindi per molti versi ancora in corso. Le strade da battere per conseguire un'autentica riconciliazione sono ancora colme di tornanti e di antichi detriti, che richiederanno molto impegno da una parte e dall'altra per essere rimossi. La riconciliazione sarebbe poco significativa, ad esempio, se dai cristiani venisse limitata ai soli ebrei della Diaspora. Infatti, un passaggio che non potrà essere eluso, in questo processo, sarà quello del riconoscimento da parte vaticana dello Stato d'Israele. Al di là d'ogni valutazione critica circa le politiche del nuovo Stato – che ognuno potrà sempre legittimamente formulare – occorrerà che anche il Vaticano si decida a riconoscere che Israele rappresenta l'esito di una scelta storica compiuta in termini non contingenti, non casuali e certamente non rinunciabili, da una parte minoritaria ma significativa dell'ebraismo, sullo sfondo di una tragedia che, per tutti gli ebrei, ha segnato il limite estremo, disumano, fatale dell'impotenza.

Postfazione

In questa fine di secolo in cui tutte le crisi si intrecciano, il compito morale di mantenere viva la memoria storica non può andare disgiunto dall'imperativo di tenere aperte le vie del dialogo, con tutti e su tutto.

Le tentazioni della violenza, dell'abiezione e della morte non sono scomparse. Anche per gli ebrei italiani si tratta, oggi più che mai, di impegnarsi per sottrarre all'oblio la storia e tuttavia, al tempo stesso, di superarla.

Bisogna continuare a vivere. Dobbiamo operare perché i nostri figli possano costruirsi un avvenire vivibile e decente, da condividere responsabilmente e fraternamente con tutti i figli degli uomini.

Per un avvenire vivibile

Si accende la "chanukkjàh", lampada a otto lumi più uno centrale, per la "festa dei lumi" (Chanukkàh) che ricorda l'inagurazione del santuario riconsacrato: un giorno di speranza.

Date per una storia

Anni	Politica e società
70	Seconda e definitiva distruzione del Tempio di Gerusalemme il 9 di Av, cioè il 29 agosto del 70, a opera di Tito; fine dello Stato ebraico.
212	Editto di Caracalla: la cittadinanza romana è concessa a tutti gli uomini liberi dell'Impero.
313	Editto di Milano: il cristianesimo è religione ufficiale dell'Impero romano.
711	Invasione islamica della Spagna. Per gli ebrei stanziati nella penisola iberica ("sefarditi") inizia un periodo di florido sviluppo socio-economico e culturale.
900-950 ca.	Il Talmùd babilonese viene portato nell'Italia meridionale.
1096	Con l'avvio della prima Crociata, feroci massacri vengono perpetrati a danno delle comunità ebraiche in Germania e nella Francia settentrionale.
1159-1172	Benjamin da Tudela, cronista-viaggiatore sefardita, viaggia in Italia.
1215	Il IV Concilio ecumenico Lateranense emana una serie di norme tese a emarginare socialmente gli ebrei.
1240	La Chiesa inizia una sistematica campagna per la messa al bando del Talmùd.
1348	Peste in Europa. Si perseguitano gli ebrei, accusati di diffondere l'epidemia avvelenando i pozzi. Esodo di aschenaziti verso l'Europa dell'est.
1350-1450 ca.	Una corrente migratoria di ebrei che prestano denaro su pegno muove dall'Italia centro-meridionale verso le regioni settentrionali della penisola.
1391	In Spagna, in seguito a estesi massacri, molti ebrei si fanno battezzare conservando un'intima fedeltà al giudaismo ("marrani").
1475	La comunità ebraica di Trento viene distrutta in seguito a un'accusa di omicidio rituale.
1488	A Soncino, nel Ducato di Milano, Joshua Salomon pubblica la prima edizione completa a stampa della Bibbia in ebraico.
1492	Espulsione degli ebrei dalla Spagna, nonché dalla Sicilia e dalla Sardegna.
1516	A Venezia viene istituito il primo ghetto obbligatorio d'Italia.
1555	La bolla *Cum nimis absurdum* del papa Paolo IV sancisce lo stabilimento del ghetto in tutte le località "sottoposte alla Sacra Romana Chiesa".
1593	Ferdinando I, granduca di Toscana, emana la "Costituzione Livornina".
1796	L'apparire delle armate francesi segna ovunque, in Italia, l'abrogazione di secolari leggi restrittive contro gli ebrei.
1815	La Restaurazione blocca il processo della prima emancipazione degli ebrei.
1848	Gli Statuti concessi nei vari Stati italiani portano alla seconda emancipazione.
1894-1896	Il giornalista ebreo viennese Theodor Herzl inaugura il sionismo politico propugnando la creazione di uno Stato ebraico.
1917	Il Ministro degli esteri inglese Balfour rilascia una "Dichiarazione" in cui si riconosce agli ebrei il diritto di stabilire in Palestina un "focolare nazionale".
1938	Anche in Italia viene avviata dal regime fascista una politica antisemita su basi razziali ("Manifesto della razza").
1939-1945	Durante la seconda guerra mondiale, le comunità ebraiche dei Paesi invasi dalle armate hitleriane subiscono la shoah ("annientamento").
1948	Proclamata in Palestina la nascita dello Stato d'Israele.
1958-1963	Il breve pontificato di Giovanni XXIII apre al dialogo con gli ebrei.
1987	Firma della nuova "Intesa" che regola in termini autonomistici i rapporti, in Italia, tra gli ebrei e lo Stato, in ottemperanza all'articolo 8 della Costituzione.

Glossario

Aschenaziti
Ebrei originari della Germania (in ebraico *Ashkenàz*), diffusi già nel medioevo soprattutto nell'Europa orientale. L'ebraismo aschenazita possiede una sua lingua parlata, lo yiddish, o ebraico-tedesco.

Chanukkáh
"Inaugurazione": festività che commemora la vittoria di Giuda Maccabeo sui Seleucidi e la successiva riconsacrazione del Tempio, nel II secolo a.C.

Diaspora
Termine greco che indica "dispersione" (in ebraico *golah*, "esilio").

Farisei
In aramaico *perushìm*, "separati": partito religioso giudaico composto di dottori laici, di "pii" (in ebraico *chassidìm*), apparso nel II secolo a.C. Pieni di zelo per lo studio e l'osservanza della Toràh (v.), i farisei sostennero l'esistenza di una tradizione vivente, d'una Toràh orale accanto alla Toràh scritta. Gran parte delle dottrine dell'ebraismo rabbinico derivò dalle loro elaborazioni.

Menoràh
Candelabro con sette bracci, uno degli arredi sacri del Tempio di Gerusalemme. I sette bracci erano simboli dei sette giorni della Creazione e quindi, indirettamente, facevano riferimento all'ordine planetario degli dèi nella settimana babilonese.

Minjan
Gruppo di dieci ebrei di sesso maschile, che in termini religiosi abbiano raggiunto la maggiore età (tredici anni). La presenza di un minjan è condizione indispensabile perché si possa avere la preghiera collettiva pubblica.

9 di Av
In ebraico *Tisha be-Av*, il nono giorno del mese di Av, nel quale gli ebrei ricordano la distruzione del primo (587 a.C.) e del secondo (70 d.C.) Tempio.

Rabbino
Dall'ebraico *rab*, "grande", "eminente": appellativo onorifico con cui ci si rivolge ai maestri. Il rabbino è propriamente un uomo di studio, d'insegnamento, di predicazione e un dottore di diritto.

Sadducei
Partito religioso giudaico che, in seno all'ebraismo palestinese, disputava il primato ai farisei (v.); ne faceva parte soprattutto l'aristocrazia sacerdotale e politica. Pronti al compromesso con il potere romano e chiusi in un rigido conservatorismo religioso, i sadducei persero ogni autorità spirituale con la distruzione del Tempio.

Sefarditi
Ebrei originari della penisola iberica (in ebraico *Sefaràd* indica la Spagna), dispersi nell'Africa settentrionale, nel Vicino Oriente e in Europa in seguito alle espulsioni dalla Spagna (1492) e dal Portogallo (1497).

Shoah
In ebraico, "annientamento": termine che indica oggi in particolare lo sterminio degli ebrei europei messo in atto dai nazisti durante la seconda guerra mondiale.

Talmùd
In ebraico, "studio": è la raccolta della dottrina tradizionale giudaica, specialmente giuridica. Monumento della civiltà ebraica dei primi cinque secoli dell'era volgare, riporta gli insegnamenti e le discussioni scolastiche di generazioni di maestri. Consta di due parti: la Mishnàh, l'insegnamento orale codificato nel II secolo d.C. (cui si aggiunge la Toseftà), che è il testo fondamentale, e la Ghemaràh, o "completamento", che ne è il commentario. Si distinguono due redazioni: il Talmùd di Gerusalemme (*Yerushalmì*), compilato nei secoli IV e V, e il Talmùd di Babilonia (*Bablì*), portato a termine un secolo più tardi, notevolmente più vasto del precedente e utilizzato e studiato anche molto di più.

Toràh
In ebraico, "insegnamento, istruzione", e quindi "Legge", raccolta in scritti sacri (propriamente nel Pentateuco, cioè nei primi cinque libri della Bibbia). Per estensione "Toràh" indica tutta la Legge, anche quella orale tramandata dal vivo insegnamento dei rabbini.

Indice dei nomi

Bibliografia

AA.VV., *Gli ebrei nell'alto medioevo*, 2 voll., Centro Italiano di Studi sull'Alto Medioevo, Spoleto 1980
AA.VV., *Ebraismo e antiebraismo: immagine e pregiudizio*, Giuntina, Firenze 1989
AA.VV., *Ebrei moderni. Identità e stereotipi culturali*, Bollati Boringhieri, Torino, 1989
AA.VV., *La legislazione antiebraica in Italia e in Europa.* Atti del Convegno nel cinquantenario delle leggi razziali (Roma, 17-18 ottobre 1988), Camera dei deputati, Roma 1989
Bonfil, Roberto, *Gli ebrei in Italia nell'epoca del Rinascimento*, Sansoni, Firenze 1991
Brandon, Samuel G.F., *Gesù e gli Zeloti*, Rizzoli, Milano 1983
Calimani, Riccardo, *Storia del ghetto di Venezia*, 6^ ediz., Rusconi, Milano 1987
Calimani, Riccardo, *Storia dell'ebreo errante*, Rusconi, Milano 198
Canepa, Andrew M., *Emancipazione, integrazione e antisemitismo liberale: il caso Pasqualigo*, in "Comunità" N° 174, giugno 1975
Canepa, Andrew M., *Cattolici ed ebrei nell'Italia liberale (1870-1915)*, in "Comunità" N° 179, aprile 1978
Colorni, Vittore, *Judaica minora - Saggi sulla storia dell'ebraismo italiano dall'antichità all'età moderna*, Giuffrè, Milano 1983
De Felice, Renzo, *Storia degli ebrei italiani sotto il fascismo*, Einaudi, Torino 1972
Disegni, Giulio, *Ebraismo e libertà religiosa in Italia. Dal diritto all'uguaglianza al diritto alla diversità*, Einaudi, Torino 1983
Flavio Giuseppe, *La guerra giudaica*, 2 voll., Mondadori, Milano 1982
Isaac, Jules, *Gesù e Israele*, Nardini, Firenze 1976
Jesurum, Stefano, *Essere ebrei in Italia*, Longanesi, Milano 1987
Johnson, Paul, *Storia degli ebrei*, Longanesi, Milano 1991
Mannucci, Cesare, *Antisemitismo e ideologia cristiana sugli ebrei*, Unicopli, Milano 1982
Michaelis, Meir, *Mussolini e la questione ebraica. Le relazioni italo-tedesche e la politica razziale in Italia*, Comunità, Milano 1982
Milano, Attilio, *Storia degli ebrei in Italia*, Einaudi, Torino 1983
Molinari, Maurizio, *Ebrei in Italia: un problema di identità (1870-1938)*, Giuntina, Firenze 1991
Picciotto Fargion, Liliana, *Il libro della memoria. Gli ebrei deportati dall'Italia (1943-1945)*, Mursia, Milano 1991
Poliakov, Léon, *Storia dell'antisemitismo*, 3 voll., La Nuova Italia, Firenze 1974/1976
Romano Giorgio, *Bibliografia italo-ebraica* (1848-1977), Olschki, Firenze 1979
Scholem, Gershom, *Concetti fondamentali dell'ebraismo*, Marietti, Genova, 1986
Segre, Bruno, *Presenza ebraica e conflitti di potere nel tardo medioevo cristiano*, in "Comunità" N°167, settembre 1972
Tas, Luciano, *Storia degli ebrei in Italia*, Newton Compton, Roma 1987
Toaff, Elio, *Perfidi giudei, fratelli maggiori*, Mondadori, Milano 1987
Toaff, Renzo, *La Nazione ebrea a Livorno e a Pisa (1591-1700)*, Olschki, Firenze 1990
Yerushalmi, Yosef Hayim, *Zakhor. Storia ebraica e memoria ebraica*, Pratiche, Parma 1983

Finito di stampare nel mese di giugno 1993